Schloß Schönbrunn
Die Prunkräume

Georg Kugler

Schloß Schönbrunn
Die Prunkräume

Herausgegeben von der
Schloß Schönbrunn Kultur- und Betriebsges.m.b.H.

Verlag Christian Brandstätter

Die Deutsche Bibliothek – CIP-Einheitsaufnahme

Schloß Schönbrunn: Die Prunkräume / Georg Kugler
Mit 160 Abbildungen
Wien: Brandstätter, 1995
ISBN 3-85447-603-5
NE: Georg Kugler

1. Auflage im November 1995

Das graphische Konzept für das Werk
einschließlich des Schutzumschlages stammen von
Bohatsch und Schedler,
Ausführung, Satz und Repro von pd/MCA.
Das Lektorat besorgte Barbara Sternthal,
die technische Herstellung Franz Hanns.
Druck bei der Druckerei Gutenberg in Wiener Neustadt.
Gesetzt wurde aus der Utopia, 2,1 mm Versalhöhe auf 3,6 mm.

ISBN 3-85447-603-5

Schloß Schönbrunn
Kultur- und Betriebsges.m.b.H.
A-1130 Wien, Schloß Schönbrunn

Inhalt

Die Geschichte des Schlosses

IOSEPHVS·ROMANOR ET·HVNGAR·REX·

Das berühmte »Roßballett« im Innenhof der Wiener Burg als Beispiel für ein barockes Gesamtkunstwerk: Architektur, Malerei, Musik und Tanz vereinigen sich zu einem grandiosen Schauspiel.

Von der Welt des europäischen Barocks sind in erster Linie die Werke der bildenden Kunst zum selbstverständlichen geistig-seelischen Eigentum Europas geworden, und das sowohl im protestantischen Norden und Westen wie auch in der katholischen Mitte und im Süden des Kontinents. Die Literatur des 17. und des frühen 18. Jahrhunderts ist dagegen mit Ausnahme der französischen fast völlig vergessen, die deutsche lebt beinahe nur noch im Kirchengesang und in ein paar Volksliedern. Auch die Musik war lange Zeit nur selten zu hören, ist jedoch Dank der Schallplatte in großem Maße wieder entdeckt worden. Die bildende Kunst hingegen lebt weiter in der großen Architektur, die sich Bildhauerei, Malerei und alle Handwerke untertan gemacht hatte.

Es sind die kuppelüberwölbten Kirchen und die stolzen Paläste in den Städten, die prächtigen Klöster und die festlichen Schlösser auf dem Lande, eingefügt in eine gestaltete Landschaft, die von unzähligen Menschen bewußt als Kunstwerke und als Denkmäler einer vergangenen hohen Kultur und Lebensweise besucht und bewundert werden. Das fürstliche Lustschloß bildet einen besonderen Anziehungspunkt, weil seine wichtigste Eigenschaft, die Verbindung von Bauwerk und Landschaft, also von Kunst und Natur, auch die Menschen unserer Zeit anspricht und interessiert.

Der Begriff »Barock« entstammt zwar der Kunstgeschichte, da dieser Stil aber alle Bereiche der weltlichen und geistlichen Kultur Europas im 17. Jahrhundert erfaßt, sprechen wir von einem barocken Lebensgefühl, einem Barockzeitalter. Politisch gesehen ist es das Zeitalter des fürstlichen Absolutismus, in dem alle Kräfte des Staates zentral gelenkt wurden, in dem diese Staaten die größten Kraftanstrengungen unternahmen, um in jahrzehntelangen Kriegen die Vorherrschaft in Europa zu erlangen. Auch in der Kunst erkennen wir die Tendenz zur Zusammenfassung, ja zur Verschmelzung aller Gattungen der bildenden Kunst: Architektur, Bildhauerei und Malerei stehen nicht nebeneinander, sondern verbinden sich zu einer gemeinsamen Schöpfung, sie können einander sogar vertreten oder ersetzen. An den Fassaden der Bauwerke brechen plastische Kräfte hervor, den bildhauerischen Wandschmuck setzt die Malerei fort oder täuscht ihn vor, die Kuppeln und Decken erfüllt sie mit der Illusion unendlicher Architektur. Nicht mehr die ruhige Harmonie der Renaissance wird erstrebt, sondern die gewaltige Verschmelzung aller Kräfte. Sie führt zu einem gesteigerten Lebensgefühl, das wieder als harmonisch empfunden wird.

Versailles, der wichtigste aller Schloßbauten dieser Epoche, wurde für unzählige Schlösser in Europa zum Vorbild. In Deutschland, wo nach dem Dreißigjährigen Krieg so viele Fürstenresidenzen wieder aufgebaut werden mußten, setzte eine besonders rege Bautätigkeit ein. Das französische Vorbild prägte vor allem den protestantischen Norden Deutschlands. Ganz anders die Haupt- und Residenzstadt Wien: hier wirkten seit langem italienische Baumeister, und als nach der Türkenbelagerung Wiens von 1683 große Aufgaben für die Architekten entstanden, da arbeiteten bereits einheimische Künstler mit, die italienische und französische Kunsteinflüsse aufnahmen

Jan Thomas: Kaiser Leopold I. und Kaiserin Margareta Teresa als Acis und Galatea bei einer Aufführung von »La Galatea« anläßlich ihrer Hochzeit 1667.

Die Katterburg, das ehemalige Jagdschloß des Kaiserhauses am Wienfluß. Es ist der Vorläuferbau des heutigen Schlosses Schönbrunn. Stich von Georg Matthäus Vischer, 1672.

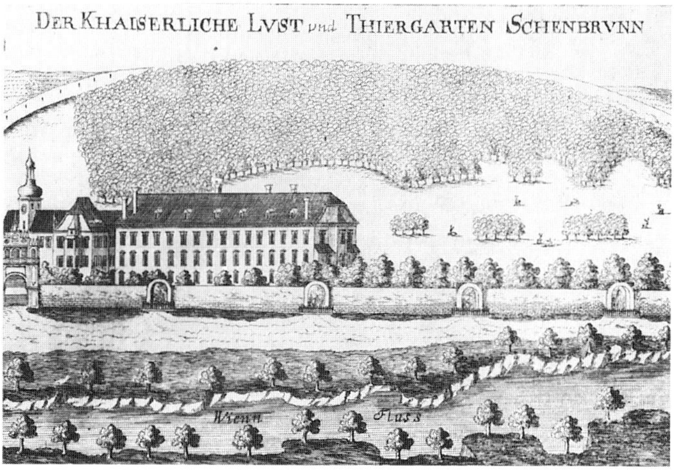

und jenen österreichischen Barockstil prägten, der uns auch im Schloß Schönbrunn entgegentritt.

Die habsburgischen Herrscher besaßen im Westen Wiens, nahe dem Dorfe Hietzing in einem weiträumigen Areal am Wienfluß, seit dem 16. Jahrhundert ein Jagdschloß, die sogenannte Katterburg. Zu Anfang des 17. Jahrhunderts wurde dort von Kaiser Matthias eine Quelle entdeckt, deren Wasser so hochgeschätzt wurde, daß man diese faßte, mit der Figur einer Quellnymphe schmückte und den Ort »Schönbrunn« nannte. Jagdschloß und Brunnen, Park und Tiergarten wurden 1683 zerstört. Der Name blieb erhalten, denn er wurde auf den neuen, großen Schloßbau übertragen, der dort in jahrzehntelanger Bauzeit errichtet wurde. Auch der Stein mit dem Monogramm des Kaisers Matthias befindet sich noch an der Quelle im neuen Brunnenhaus.

Steinplatte mit dem Monogramm des Kaisers Matthias, dem »Entdecker« der Schönbrunner Quelle.

Der spätere Kaiser Joseph I. als jugendlich ungestümer Reiter in der Pose des Siegers über die Türken. Dieses kleine Reiterstandbild aus Elfenbein schuf Matthias Steinle im Jahre 1693. Es stellt einen Höhepunkt in der barocken Plastik Österreichs dar.

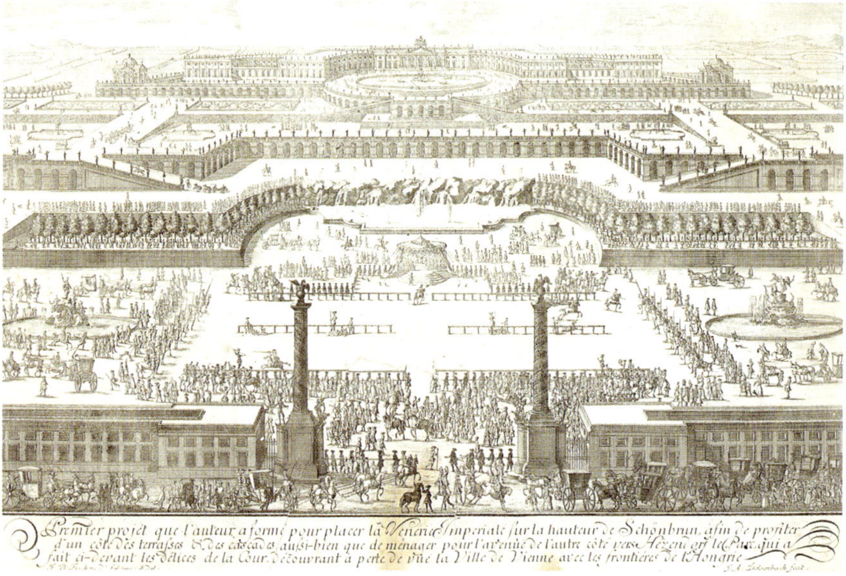

Johann Bernhard Fischer von Erlach: Erster Entwurf für das kaiserliche Lustschloß Schönbrunn, 1688.

Mit dem Entwurf für den Neubau anstelle der Katterburg wurde Johann Bernhard Fischer von Erlach (1656-1723) beauftragt. 16 Jahre hatte er in Rom gelebt und war dort Schüler des berühmten Architekten und Bildhauers Gianlorenzo Bernini gewesen, nun war er – in den achtziger Jahren des 17. Jahrhunderts – Lehrer des Kronprinzen Joseph geworden. Denn trotz seiner Jugend galt Fischer von Erlach bereits als einer der größten Architekten, und weil er nicht nur Baumeister, sondern auch ein gelehrter Erforscher der historischen Architektur war, schien er besonders geeignet, die Baukunst zu unterrichten. Für seinen Schüler entwarf er 1688 eine riesige Schloßanlage, größer als Versailles, die man geradezu phantastisch nennen muß. Sie entsprach den hochfahrenden Plänen des Kronprinzen und dem Ehrgeiz des selbstbewußten Architekten, nicht aber den realen Möglichkeiten. In diesem Bau auf dem Hügel steckt die Idee einer Kaiserresidenz, wie sie dem deutschen Nationalgefühl entsprach, das am Ende des 17. Jahrhunderts noch einmal mächtig aufgeflammt war. Es hatte sich an zwei Ereignissen entzündet: einerseits an der Besetzung der Freien Reichsstadt Straßburg durch die Truppen Ludwigs XIV. mitten im Frieden (1681) und andererseits an der Belagerung der Reichshauptstadt Wien durch die türkische Armee 1683. Nach dem Entsatz von Wien begann der Siegeszug gegen die Türken und die Franzosen, Selbstgefühl und Sicherheit kehrten zurück. Dem Willen zur neuen Gestaltung kam die Tatsache entgegen, daß durch die Zerstörungen während der

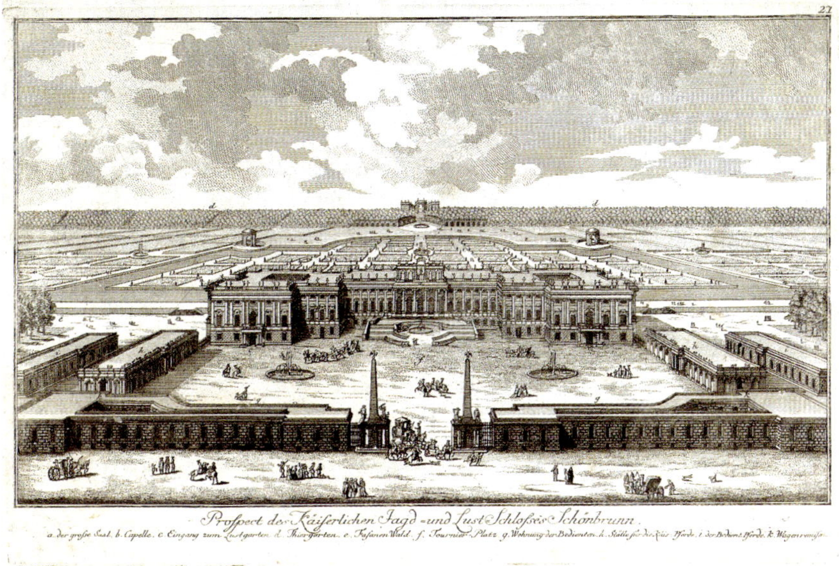

Johann Bernhard Fischer von Erlach: Zweiter Entwurf für das kaiserliche Lustschloß Schönbrunn, 1696.

Belagerung in und rund um Wien Bauplätze aller Größen entstanden waren. Bald wetteiferte der Adel mit dem Kaiser, wer nun mehr, prächtiger, vielfältiger baute.

Diese politische und künstlerische Entwicklung nach 1683 hat den jungen Erzherzog Joseph geprägt; an seinen Namen knüpften sich entsprechende Hoffnungen, die er allerdings in seiner kurzen Regierungszeit (1705-1711) nicht erfüllen konnte. Jedenfalls war der größte Schloßbau oben auf der Anhöhe über der Wien, etwa dort, wo viel später die Gloriette erbaut werden sollte, ein Phantasiegebilde, dessen Ausführung auch der prachtliebende Joseph nicht in Angriff nehmen wollte. Einige Jahre nach dem ersten Entwurf legte Fischer von Erlach einen zweiten, einfacheren und somit realistischen Plan vor. Das »Jagdschloß« verlegte er ins Tal, während die Anhöhe nur von einem Pavillon bekrönt werden sollte. Nach diesem Projekt wurde im Jahre 1696 der Bau von Schönbrunn begonnen.

Vielen fürstlichen Lustschlössern des Barock sind einige charakteristische Elemente und Formen zu eigen, die wir auch bei Schönbrunn finden. So ist der gesamte Baukörper symmetrisch und erstreckt sich über mehrere Gebäude, die einem Hauptgebäude zugeordnet sind. An diesem sind zwei verschiedene Fassaden ausgebildet, eine Hoffassade gegen die Stadt und eine Gartenfassade. An der Hofseite springt der Mitteltrakt vor und ist durch größere Höhe und plastischen Schmuck hervorgehoben. An den Enden der Seitenflügel des Bauwerks wiederholen sich diese Elemente dann in bescheidenerem Ausmaß. An sie schließen wieder Seitentrakte an – in Schönbrunn sind es selbständige Baukörper –, die einen großen Hof, den »Ehrenhof«, umschließen. Er diente zur Auffahrt der großen, sechsspännigen Karossen, für Karussellspiele und Feste. Gegen den Garten ist die Fassade weniger gegliedert. Gerade verlaufend grenzt sie das »Parkett« ab, von dem alle

Fahrstraßen und Wege in den Garten führen, dessen Gesamtanlage hier bereits zu erkennen ist.

Zunächst wurde der Mittelteil des Schlosses gebaut und ein Garten von Jean Trehet, sicherlich im Einklang mit Fischers von Erlach Intentionen, angelegt. Der Gartenarchitekt hatte einige französische Gärten studiert und zudem aus Paris 1.000 junge Bäumchen und das Modell einer Bewässerungsmaschine für Schönbrunn mitgebracht. Schon um 1700 zeigte man die Anlage ausländischen Gästen, feierte Feste, gab Empfänge und inszenierte ein Turnier im Ehrenhof. Im übrigen galt Schönbrunn als Jagdschloß, das man immer nur für wenige Tage oder gar nur für Stunden benutzte. Die dichten Wälder, die sich rund um Hietzing ausdehnten, bestimmten den Zweck des Schlosses. Die Jagd galt als das vornehmste fürstliche Vergnügen und dabei spielten, wie im täglichen Leben auch, die Pferde eine wichtige Rolle. Das edle Pferd war der Gefährte des Fürsten, wurde hochgeschätzt, gezüchtet und porträtiert! Im »Rösselzimmer« des Schlosses sehen wir noch heute Dokumente dieser Leidenschaft: eine große Serie von Pferdebildnissen, die mit den Namen der Tiere und ihren Lebensdaten versehen sind. Künstler, die sich als Pferde- und Hundemaler spezialisiert hatten, wie die niederländischen Brüder Hamilton, lebten als »Hoftiermaler« nur dieser Aufgabe. Und in Schönbrunn waren nach den Plänen Fischers von Erlach Stallungen für 400 Pferde und zahlreiche Wagen vorgesehen. Obwohl die ständige Geldnot aufgrund der Kriege gegen Frankreich die Arbeiten verzögerte, wurde in Schönbrunn, solange Joseph I. regierte, weitergebaut. Doch nach seinem Tod im Jahre 1711 wurden die Bauarbeiten erst einmal eingestellt und die Kaiserwitwe Wilhelmine Amalie erbte das Schloß, das nach wie vor Sommeraufenthalt des Hofes, fürstlicher Gäste und Jagdgesellschaften war. 1728 überließ sie es ihrem Schwager Kaiser Karl VI. und zog sich in ein Kloster zurück. Der neue Herrscher war an Schönbrunn nicht besonders interessiert und benutzte es nur gelegentlich als Jagdschloß. Auf einem Gemälde von Johann Georg Hamilton, das Rebhühner im Schönbrunner Park zeigt, erkennen wir den Zustand des Schlosses um 1732. Diesem eleganten Sommerschloß mit geradem Dach mußte bald danach ein Dachstuhl aufgesetzt werden, der dem nördlichen Klima entsprach. Was damals sonst noch verändert wurde, wissen wir nicht, denn das Schloß

Ansicht des Schlosses Schönbrunn, wiedergegeben im Hintergrund eines Gemäldes von Johann Georg Hamilton, 1732.

erwachte aus seinem Dornröschenschlaf erst, als eine neue Generation die politische Bühne betrat.

Im Jahre 1736 hatte sich die älteste Tochter Kaiser Karls VI., die 1717 geborene Erzherzogin Maria Theresia, mit Herzog Franz Stephan von Lothringen vermählt, den sie seit ihrer Kindheit kannte. Aufgrund eines eigenen Gesetzes, der »Pragmatischen Sanktion«, war Maria Theresia als Erbin der riesigen habsburgischen Lande ausersehen. Und infolge verschiedener Vereinbarungen des Kaisers mit anderen Staaten war diese weibliche Erbfolge auch international anerkannt worden. Sie war also die reichste Erbin Europas und ihr Gatte konnte sich Chancen auf die deutsche Königs- und Kaiserwürde ausrechnen. Das junge Ehepaar, das die Sorgen und Mühen der Staatsführung erst in ferner Zukunft auf sich zukommen sah, durfte sich Schönbrunn, das lange verlassene Jagdschloß, als Aufenthaltsort einrichten. Damals muß Maria Theresia es ins Herz geschlossen haben, denn als ihr kaiserlicher Vater im Jahre 1740 starb, und sie unerwartet früh zur Regentin der österreichischen Erblande wurde, plante sie nicht nur die sofortige Fertigstellung, sondern gleich auch die vollständige Erneuerung des Schlosses.

Zunächst tat allerdings Sparsamkeit not, denn der jungen Herrscherin wurde, wie es der greise Prinz Eugen vorausgesehen hatte, trotz aller Verträge des Erbe streitig gemacht. Als Maria Theresia noch vor Jahresfrist in Preßburg zur Königin von Ungarn gekrönt wurde, befand sie sich bereits mitten im Krieg mit Friedrich II. von Preußen. Maria Theresia bestand diese Feuertaufe, die Existenz des Staates war gesichert, das reiche Schlesien aber ging verloren.

Zum römisch-deutschen Kaiser hatte man inzwischen nicht ihren Gatten Franz Stephan gewählt, sondern den bayerischen Kurfürsten Karl Albrecht, der jedoch schon 1745 starb. Nun wurde Franz Stephan, inzwischen Großherzog von Toskana, gewählt, und der Wiener Hof war somit wieder ein »kaiserlicher«. Diese Würde des Hauses und des Staates verlangte äußeren Glanz! Während die Österreicher siegreich gegen Bayern und Franzosen vordrangen, machte sich der junge Wiener Neustädter Architekt Nikolaus Pacassi im Jahre 1743 daran, das Schloß Schönbrunn innen und außen gründlich umzugestalten.

Andreas Möller: Maria Theresia als elfjährige Erzherzogin, die begehrteste Braut Europas. Um 1727.

Schönbrunn nach dem ersten Umbau durch Pacassi. Stich von Georg Nicolai, 1749.

Der Umbau hatte mehrere Ziele: Das Schloß sollte vergrößert werden, den geänderten Bedürfnissen entsprechend im Inneren völlig verändert und im Äußeren dem Geschmack der Zeit angepaßt werden. Die einschneidendste äußere Veränderung erfolgte durch den Einzug des Stockwerkes über dem Hauptgeschoß der Seitentrakte, die Abtragung des Steildaches und eine Annäherung an die Dachform, die Fischer von Erlach vorgesehen hatte. Für die innere Gestaltung hatte Pacassi den genialen Einfall, anstelle des vorher vorhandenen und meist üblichen großen Festsaals, der in der Mitte des Schlosses lag, zwei verschieden große Räume zu gestalten, die allein und kombiniert benutzt werden konnten: die zwei berühmten Galerien. Die Große Galerie liegt an der Hofseite und ist über die damals neu erbaute, große Freitreppe zu erreichen, unter der sich eine fünftorige Durchfahrt öffnet. Während nämlich in der Barockzeit die Karossen über Rampen an das Schloß heranfahren sollten, verlangte das Zeremoniell des Rokoko die Einfahrt in ein offenes Stiegenhaus oder in eine Halle, von der die Stiegenhäuser erreichbar waren. Pacassi erbaute deshalb an der Stelle eines Speisesaals, dessen Deckengemälde, das der venezianische Maler Sebastiano Ricci um 1700 gemalt hatte, noch erhalten ist, ein großes Stiegenhaus. Noch heute kann jeder Besucher, wenn er die »Blaue Stiege« zu den Festräumen hinaufsteigt, das Fresko betrachten.

Parallel zur Großen Galerie und durch drei Bögen zu ihr geöffnet, liegt die Kleine Galerie an der Gartenfront. Beide

Galerien sind sowohl von großen als auch von intimen Räumen umgeben: dem Zeremoniensaal, dem Karussellzimmer und dem Laternenzimmer einerseits, den zwei chinesischen Kabinetten und dem Rösselzimmer andererseits.

Da Maria Theresia die Absicht hatte, einen Großteil des Jahres in Schönbrunn zu verbringen, hat sie auf die innere Einteilung und die Bestimmung der Räume selbst großen Einfluß genommen. Der preußische Gesandte Graf Podewils berichtete später seinem König: »Sie hat Freude am Bauen, ohne etwas davon zu verstehen, davon das Haus, das sie in Schönbrunn nach ihrem Geschmack hat bauen lassen, Zeugnis ablegt.« Diese boshaften Worte beziehen sich darauf, daß Schönbrunn nicht nach den traditionellen architektonischen Grundregeln für ein repräsentatives Bauwerk umgeändert wurde, sondern daß Maria Theresia ein Familienschloß errichten ließ. Denn ein durch das Jahr fast ständig bewohntes Schloß benötigte ja unverhältnismäßig mehr Räume für den Hofstaat und die Dienerschaft, die zusammen immerhin etwa 1.000 Personen zählten. Und auch die immer größer werdende Familie der Kaiserin forderte mehr Wohnraum. Die Kinder des Kaiserpaares – zehn von sechzehn wurden erwachsen – wuchsen fast durchweg in Schönbrunn auf. Erst 1768 verließ Maria Karolina den Hof und folgte ihrem Gatten nach Neapel. Maria Christine, die schon 1766 geheiratet hatte, verbrachte den größten Teil ihres Lebens mit ihrem Gatten in Wien, zwei Töchter blieben unverheiratet und ebenso wie der älteste Sohn und spätere Mitregent Joseph II. am Hof. Jedem Familienmitglied der kaiserlichen Familie sollten fünf, Ehepaaren zehn Wohnräume zur Verfügung stehen. Die durch das Hofzeremoniell bestimmte Folge war: Warteraum und Audienzzimmer (auch 1. u. 2. Anticamera genannt), Salon, Wohn- und Schlafzimmer. Diese Appartements befanden sich größtenteils im Erdgeschoß. Schließlich benötigte man Gästezimmer und nicht zuletzt funktionelle, vielseitige Repräsentationsräume, die sich für die zahlreichen familiären Feste ebenso eignen mußten wie auch für Audienzen und Konferenzen. Die Geburts- und Namenstage der Familienmitglieder, die Apostel- und Heiligenfeste, die großen Feste des Kirchenjahres und nicht zuletzt die Gedenktage wichtiger Ereignisse wurden ja nicht nur mit dem Besuch der heiligen Messe in einer der Kirchen Wiens oder außerhalb der Stadt begangen, sondern auch ganz familiär in der Hofburg oder in Schönbrunn.

Je nach Jahreszeit und Wetter, gemäß der Zahl oder der Bedeutung der Gäste, vor allem aber nach der Art des Festes konnten die Repräsentationsräume in kurzer Zeit entsprechend adaptiert werden. Sowenig wie heute stand in irgendeinem Saal eine große Tafel, sondern diese wurde nach Bedarf aufgestellt. Für 12 Personen in einem kleinen Zimmer, für 60 im Zeremoniensaal oder in der Kleinen Galerie und für viele hundert mehrere Tafeln in allen großen Sälen. Gab es nach einem Empfang eine Serenade, ein Ballett oder eine Theateraufführung, wurde wie auf einer Bühne mit geübten Griffen umgestellt und weggetragen, Sitzgelegenheiten aufgereiht, Vorhänge hochgezogen usw. Wurde getanzt, mußten für bequemere Herrschaften Spieltische aufgestellt werden, und

Das Singspiel »Il parnasso confuso« von Christoph Willibald von Gluck. Eine Aufführung im Zeremoniensaal durch Kinder Maria Theresias anläßlich der Hochzeit Kaiser Josephs II. mit Herzogin Maria Josepha von Bayern, 1765.

immer und überall mußte man warten können! Bei den großen religiösen Festen, wenn die Zeremonien drei Säle weiter entfernt stattfanden und man erst nach Stunden zum Handkuß vorgelassen wurde, ebenso bei Audienzen, wenn viele andere vor einem an der Reihe waren, oder in Erwartung der glücklichen Entbindung der Kaiserin, wenn die vornehmen Gratulanten oft die halbe Nacht »antichambrierten«.

An allen Türen, auf den Treppenabsätzen und in den Gängen standen Lakaien oder Gardisten und vor dem Schloß, im Ehrenhof, und auf den Zufahrtsstraßen standen die Galawagen der Hofchargen, der Minister und der geladenen Gäste und die Kutschen ihrer Begleitung. Da waren Hunderte Lakaien und Kutscher, die sich bereithielten und die Pferde beruhigten. Sie alle warteten stundenlang.

Im 18. Jahrhundert liebte man es ganz besonders, auch politische Ereignisse mit höfischen Festen zu feiern. Solche Feste nahmen am Hof der Kaiserin Maria Theresia immer einen familiären Charakter an, weil das ihrem Wesen entsprach, und weil sie ihre Kinder immer in das Festgeschehen einbezog, auch als sie noch klein waren. Auch zu ihren Hofdamen hatte sie ein persönliches Verhältnis und ein geradezu mütterliches zu ihren Kammerzofen. Im »Karussellzimmer« des Schlosses erinnert das große namensgebende Gemälde an ein solches Fest, an dem all die genannten aktiv teilnahmen.

Szene aus dem Ballett zur Serenade »Il trionfo d'amore« von Florian Leopold Gaßmann durch Kinder Maria Theresias, 1765.

Schönbrunn nach dem zweiten Umbau durch Pacassi. Gemälde von Bernardo Bellotto, gen. Canaletto. Um 1760.

Pacassis Umbau war 1749 abgeschlossen. Die neue Anordnung und Gestaltung der Innenräume war eine Meisterleistung. Der Einfluß Maria Theresias auf diese Veränderungen darf allerdings nicht unterschätzt werden. Charakteristisch für die dekorative Ausgestaltung der Schönbrunner Räume ist die Freude am effektvollen und schwungvollen Rocaillestil, der aber im Vergleich zu deutschen Bauten der Zeit zurückhaltender und ausgewogener ist. Dies ist ein Zug, der schon der klassischen österreichischen Barockkunst des Zeitalters Karls VI. eigen ist. Außerdem drückt sich in dieser Ausgewogenheit die habsburgische Eigenschaft des Maßhaltens und der würdevollen Einfachheit im persönlichen Bereich aus. Amt und Würde des kaiserlichen Hauses verlangte selbstverständlich Glanz und prunkvolle Repräsentation der Hofhaltung, dem einzelnen Menschen aber ist die Verpflichtung zur Strenge und Bescheidenheit auferlegt. Dieses Verhalten war in beiden Linien der Dynastie traditionell. Der »Deutsche« Maximilian I. war dafür ebenso Vorbild, wie die beiden »Spanier« Karl V. und Philipp II.

Ein Sommerschloß wie Schönbrunn gab die ideale Bühne für beide Ausdrucksformen des habsburgischen Selbstverständnisses ab. Für Maria Theresia kam dazu ihr natürlicher Familiensinn. Ihre Kinder sollten der Mittelpunkt von Festlichkeiten aller Art, von Theater, Musik und Tanz sein. In diesem Sinne Schönbrunn zu verändern, war ihr ein ganz großes Anliegen.

Der Kaiser hingegen übte weder Einfluß aus, noch finanzierte er den Bau, sein Interesse galt der Natur, ihrer Erforschung und Darstellung; mit der Gründung des Tiergartens

Martin van Meytens: Krönungsmahl im Römer zu Frankfurt, 1764. An der Tafel Kaiser Franz Stephan und der neu gekrönte König Joseph II.

und des Botanischen (»Holländischen«) Gartens ist sein Name ruhmvoll verbunden. Der Kaiserin wiederum war ihr Leben lang die Einrichtung und Ausgestaltung des Bauwerks ein großes Anliegen, und schon rund ein Jahrzehnt nach dem großen Umbau ließ sie die beiden Galerien verändern. Sie erhielten flache Gewölbe, die der Italiener Gregorio Guglielmi in den Jahren 1760 bis 1762 mit historisch-allegorischen Darstellungen bemalte, auf denen das Kaiserpaar als handelnde Personen eines historischen Ereignisses hingegen völlig natürlich auftreten.

Diese Einstellung gegenüber der Geschichte veranlaßte die Kaiserin, ihrem Hofmaler Martin van Meytens seit 1760 Aufträge zu geben. Er sollte die wichtigsten Ereignisse der Staats- und Familiengeschichte auf Gemälden festhalten. Auf einige dieser eindrucksvollen, großformatigen Bildern stoßen wir heute im Schloß, wo Maria Theresia sie erst in späteren Jahren hat wandfest anbringen lassen, wobei die ältere, aus der Jugend der Kaiserin stammende Ausstattung der Räume zerstört wurde. Dies geschah infolge eines für Maria Theresia sehr schmerzhaften Ereignisses, dem Tod ihres geliebten Gatten Franz Stephan im Jahre 1765. Für sie, der die Familie die Basis für alle politischen und künstlerischen Bestrebungen war, mußte der Tod des Kaisers einschneidende Veränderungen bringen. In Schönbrunn begann die Witwe die »Retirada«, also die Privatgemächer ihres Gatten, umzugestalten. Die Räume des Ostflügels, die an den Zeremoniensaal anschlossen, erhielten damals durch bedeutende Architekten, Maler und Kunsthandwerker ihre prachtvollen Interieurs.

In diesen späteren Lebensjahren hatte sie in vielem, auch in den Bauangelegenheiten von Schönbrunn, auf die Meinung ihres Sohnes Kaiser Joseph II. zu hören. Er war ihr Mitregent in den österreichischen Ländern und wahrhaftig kein Freund kostspieliger Bauunternehmungen. Sein Hauptaugenmerk galt der Sparsamkeit und der Verteilung der Geldmittel für Zwecke, die der Wohlfahrt des Staates und der Untertanen dienten. Unter seiner Regierung wurden Manufakturen und Fabriksge-

Martin van Meytens: Einzug Kaiser Franz Stephans und Erzherzog Josephs in Frankfurt, 1764.

bäude, Spitäler und Schulen, Straßen und Kanäle gebaut, aber keine Schlösser. Allerdings knüpfte er dabei immer an die Unternehmungen Maria Theresias an und war sich dieser Tatsache auch bewußt.

Gelegentlich stand er daher den Bauvorhaben seiner Mutter lediglich skeptisch gegenüber und wollte andere Schwerpunkte, andere Programme verwirklicht sehen. Unter diesem Vorzeichen begann Maria Theresia nach dem Tode ihres Gatten mit der Planung eines umfassenden Programms für die Neugestaltung des Parks und dessen Schmuck mit Architektur und Skulpturen nach unerhört modernen Gesichtspunkten. Dabei befiel sie große Unsicherheit, ob das Werk denn gelingen werde. Das drückte sie in einem Brief an ihre Tochter Marie Antoinette so aus: »Ich begreife, daß Du Dir die Veränderungen an dem Schönbrunner Berge nicht vorstellen kannst. Sie existieren auch nur auf dem Papier und werden niemals ausgeführt werden! Du weißt, der Kaiser (Joseph II.) liebt Schönbrunn nicht, und in meinem Alter wäre es lächerlich, ein solches Werk zu beginnen. Bis jetzt ist auf dem Berg gar nichts, kein Gebäude, ich habe nur oben ein großes Reservoir anlegen lassen, um gegenüber vom Hause (d.h. vom Schloß), am Ende des Parterres, einen Springbrunnen zu haben. Ich hoffe, daß er in zwei Jahren spielen wird, das Parterre denke ich mit Statuen auszuschmücken.«

Anton von Maron: Kaiserin Maria Theresia in Witwentracht mit einem Plan von Schönbrunn, 1773.

Was war der Park bis zu diesem Zeitpunkt gewesen? Was sollten die Veränderungen bringen, wem sollten sie zugute kommen? Um sich die Bedeutung des Konzeptes zu vergegenwärtigen, das der Umgestaltung des Schloßparks zugrunde lag, muß die Funktion des Parks, seine Beziehung zum Schloßgebäude und seine Bedeutung für das höfische Leben erläutert werden.

Nach dem Vorbild des Parks von Versailles, dem Residenzschloß König Ludwigs XIV. von Frankreich, den der Architekt Le Nôtre in der zweiten Hälfte des 17. Jahrhunderts angelegt hatte, war der Garten ein integrierender Bestandteil des barocken Lustschlosses. In ihm spiegelt sich der Geist dieser Epoche, in welchem die Naturwissenschaften bedeutende Fortschritte und gleichzeitig hohes Ansehen in der Gesellschaft errungen hatten. Man lebte in der Überzeugung, die Natur beherrschen zu können.

Der barocke Garten ist im Grunde nichts anderes als angewandte Naturwissenschaft, vom menschlichen Geist geordnete und gestaltete Natur. Dieser Park hat, wie die Wissenschaft selbst, Vorläufer in Italien. Der selbstbewußte Mensch der Renaissance hatte ein neues Verhältnis zur Natur gewonnen, er wußte mehr von ihr und bewunderte ihre Schönheit wie die von Kunstwerken. In den fürstlichen Sammlungen der Renaissance nahmen Naturgegenstände und -materialien aller Art, z.B. die Schalen der Meeresschnecken und Muscheln, Koralle und Kokosnuß, Straußenei und Rhinozeroshorn, einen breiten Raum ein. Meist befanden sie sich hier aber in bearbeiteter Form, z.B. als kunstvoll gestaltete Gefäße oder als dekorative Tafelaufsätze. Der kunstfertige Mensch »verschönerte« die Wunderdinge der Natur. Der überlieferte Name all dieser Sammlungen, »Kunst- und Wunderkammer«, drückt diese Auffassung treffend aus. Auch der italienische und französische Park ist in dieser Einstellung gestaltet worden. Durch die Verbindung mit der großen Architektur wird auch der Schloßpark monumental, sowohl hinsichtlich seiner Ausdehnung als auch wegen seines ausdrucksvollen Programms.

Alle Teile des Gartens sind durch Alleen, die symmetrisch zur Hauptachse des Schlosses angelegt sind, nicht nur geometrisch, sondern auch optisch nachvollziehbar miteinander verbunden. An den Schnittpunkten dieser Achsen liegen Bassins mit Figuren oder Fontänen, an ihren Endpunkten locken Statuen oder Bauwerke. Den Grundriß des Parks bilden Flächen, auf denen nach einem wohlüberlegten System Parterres, Bosketts und hohe Bäume wechseln. Die einfache Logik der so geschaffenen geometrischen Figuren wurde als Voraussetzung für Wahrheit und Schönheit aufgefaßt.
Die vier Elemente sind in das Konzept des Parks eingefügt. Aus der Erde, die durch die grünen, künstlich begrenzten Baumwände und die bunten Blumenrabatte repräsentiert wird, entspringt das zweite Element, das lebendige Wasser, das die Gartenanlage belebt. Das Gefälle des Terrains wird für Kaskaden genützt, sie ergießen sich in große und kleine Becken, die durch Kanäle verbunden sind. Sie waren Schauplätze großartiger nächtlicher Feste, von Musik – eine Wirkung des dritten Elements, der Luft – begleiteter Seeschlachten und von Theater- oder Ballettaufführungen auf schwimmenden Inseln. Bei Dunkelheit steigerte das vierte Element die Wirkung aller Darbietungen durch kunstvolle Feuerwerke. An diesen Festen nahm man nicht nur hingebungsvoll teil, sondern hielt die Erinnerung an sie durch Beschreibungen und Abbildungen fest.

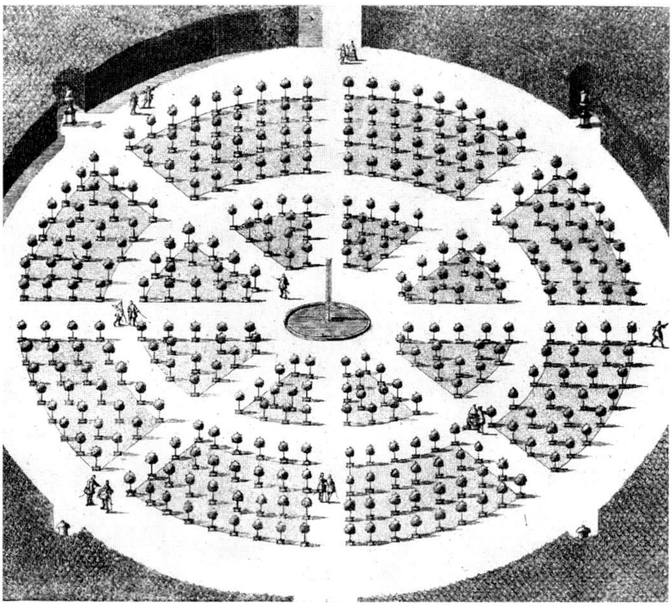

Die neue Orangerie, ein Teil der ursprünglichen Parkanlage zu Beginn des 18. Jahrhunderts.

Im Park des Schönbrunner Jagdschlosses Josephs I., der wie erwähnt von Jean Trehet angelegt worden war, wurden immerhin schon 1.000 junge Bäume gepflanzt und eine Maschine konstruiert, um Wasser auf die Anhöhe zu pumpen. Im wesentlichen gestaltete Trehet nur das »Parterre«. Dahinter stand als dunkle Kulisse der Wald, der sich als Jagdgehege weithin nach Südwesten erstreckte. Der Umbau des Schlosses durch Pacassi brachte auch eine Vergrößerung des Parks mit sich, die Anlage eines großen, in der Schloßachse gelegenen Bassins im Parkett, und einige spezielle Anlagen, wie einen Irrgarten (»Labyrinth«), einen Rosengarten und den Fasangarten, der die Brücke zur Menagerie bildete, die das besondere Anliegen Franz Stephans von Lothringen war.

Den damaligen Zustand des Parketts hielt um 1760 der Maler Bernardo Bellotto auf einem großen Gemälde fest. Wir erkennen darauf das Sternbassin vor dem Schloß und das »Labyrinth« links vorne. Wir sehen, daß die Rasenflächen ganz ohne Blumenschmuck nach einem teppichartigen Muster

Ausschnitte aus dem Gemälde von Bernardo Bellotto, welches Schönbrunn im Jahre 1760 von der Gartenseite zeigt.

kunstvoll angelegt und an der Mittelachse in Holzkübeln gepflanzte Orangenbäumchen aufgestellt waren, die die kalte Jahreszeit nur in der »Orangerie« überleben konnten. Im Vordergrund des Gemäldes sind Gärtner an der Arbeit, einige walzen den Kiesweg. Wie viele Menschen waren doch zur Pflege eines Parks notwendig! Wie viele verdienten sich damit ihren kümmerlichen Lebensunterhalt!

Der spätbarocke Park sollte etwas mehr als ein Jahrzehnt, nachdem ihn Bellotto malerisch festgehalten hatte, dem Willen Maria Theresias zufolge nicht einfach noch größer, noch schöner und reizvoller werden, sondern er sollte anders werden, sollte völlig neuen Anforderungen genügen, die den philosophischen, ästhetischen und pädagogischen Vorstellungen der zweiten Hälfte des 18. Jahrhunderts entsprachen. War die architektonisch gebaute Natur des Barockgartens Bühne und Folie für eine Hofgesellschaft gewesen, die sich selbst genügte, sollte in Schönbrunn nunmehr Schloß, Park, Tiergarten und Botanischer Garten eine konzeptionelle Einheit bilden, der man staatspolitische Bedeutung beimaß. Dieser Park sollte daher auch jedermann zugänglich sein. Maria Theresia stand im Grunde genommen zwischen beiden Welten, dem selbstsicheren Barock und dem reflektierenden und aufgeklärten Rokoko. Beeinflußt von ihrem Gatten Franz Stephan hatte sie sich naturwissenschaftlichen Sammlungen und Forschungsunternehmungen mit Interesse zugewandt.

Einerseits hat sie die Gründung des späteren Naturhistorischen Museums gefördert, andererseits in den Wandmalereien Johann Bergls im Erdgeschoß eine ästhetisch und künstlerisch überhöhte Sicht der Natur verwirklichen lassen.

Ihr Sohn Joseph II. hingegen war ein aufgeklärter Monarch, freilich auch ein Despot, der zu wissen glaubte, was dem Staat nütze und dem Volk befahl, was es glücklich machen werde.

Ihm gleichgesinnt war, obwohl der älteren Generation angehörend, der Staatskanzler Fürst Wenzel Anton Kaunitz. Waren beide auch nicht glücklich über das Vorhaben Maria Theresias, den Park von Schönbrunn umzugestalten, so ergriffen sie doch sogleich die Chance, dieses Unternehmen in ihrem Sinn zu lenken. Der Park sollte eine mythologische und historische Illustration der Natur darstellen und, wie alles in dieser Zeit, belehrend wirken. Schönheit ohne Zweck und Nutzen wollten sie nicht! Kaiser Joseph II. war damit einverstanden, daß Maria Theresia die baukünstlerische Leitung dieser letzten großen Bauphase ab 1765 dem Architekten Ferdinand von Hohenberg übertrug. Die bildhauerischen Arbeiten führte seit 1772 Wilhelm Beyer mit mehreren Mitarbeitern aus, und zwar nach einem Programm, daß der Kaiser und sein Staatskanzler höchstpersönlich verfaßten.

Auch dem Tiergarten wandte Joseph II. sein Interesse zu. Sein Vater hatte ihn 1751 nach Plänen des lothringischen Architekten Jean Nicolas Jadot an der südwestlichen Begrenzung des Schloßparks anlegen lassen. In Kreisform waren

Diesen Plan des Parks legte der Hofgärtner Franz Boos nach dem Abschluß der Umgestaltung im Jahre 1780 an.

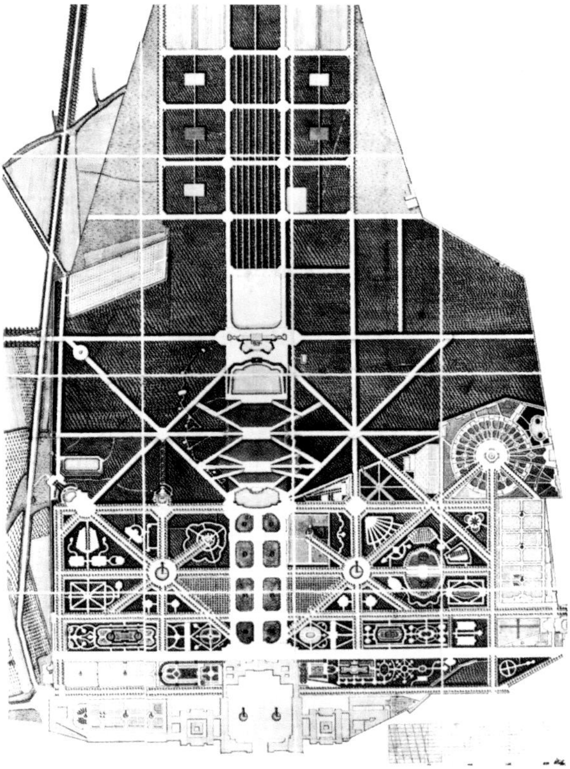

Kaiser Franz Stephan und Kaiserin Maria Theresia bei der Gartenarbeit. Tuschzeichnung von Franz Walter.

dreizehn Tiergehege rund um einen achteckigen Pavillon errichtet worden. Die Gehege hatten Ausläufe mit Bassins, die durch Mauern voneinander getrennt und gegen den Pavillon durch ein Gitter abgeschlossen waren. Dieser historisch bedeutende Tiergarten besteht heute noch, doch wurde er fast von jeder nachfolgenden Generation erweitert. Immer neue Tiere kamen hinzu, als diplomatische Geschenke, als Ergebnis von Expeditionen oder durch Kauf. Auch der Botanische Garten wuchs. Joseph II. ließ 1788 einen Baumgarten (»Arboretum«) als Erweiterung des Holländischen Gartens anlegen.

Von den pädagogischen Einrichtungen, die damals entstanden, sei ein Lehrgarten genannt, in dem 400 Pflanzen, dem botanischen System des Schwedischen Naturforschers Linné folgend, nach Gattungen, Arten und Unterarten geordnet

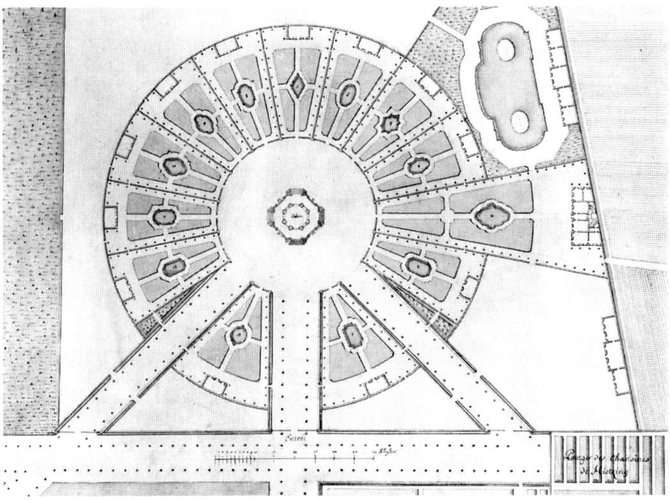

Grundriß der Schönbrunner Menagerie. Dieses Kernstück des historisch sehr bedeutenden Tiergartens, 1751/52 nach Plänen von Jean Nicolas Jadot errichtet, besteht noch heute.

angepflanzt wurden. Später kam ein »Alpinum« im Tirolergarten hinzu. Beide dienten dem botanischen Unterricht und zur Anleitung der Gartenpflege für die Kinder des Hofes, aber auch zum Selbstunterricht für die Allgemeinheit. So konnte es vorkommen, daß Kaiser Franz I. von Österreich von einem Besucher für einen Gärtner gehalten wurde und, befragt, fachkundige Auskunft gab. Auch seinen Enkel, den Sohn Napoleons leitete er bei dessen Naturstudien an, als dieser in Schönbrunn aufwuchs. Ein Gemälde im »Gedenkzimmer« des Schlosses erinnert daran.

Gegen Ende des 18. Jahrhunderts trat neben dem wissenschaftlichen und praktischen Interesse an der Natur ein sentimentales Naturgefühl in Erscheinung, das die neue Gestalt des »englischen« Gartens hervorbrachte. Der Schönbrunner Park wurde glücklicherweise nicht nach dieser Mode umgestaltet, weil sich Kaiser Joseph II. nicht in Schönbrunn aufhielt und den Augarten bevorzugte. Sein Nachfolger Kaiser Leopold II. regierte zu kurz, um als Bauherr in Erscheinung zu treten. Die Regierungszeit seines Sohns Kaiser Franz II. währte umso länger, war aber von den napoleonischen Kriegen beherrscht, die fast ein Vierteljahrhundert dauerten. Die finanziellen Mittel waren daher beschränkt, der Staat meist nahe dem Bankrott.

Da aber Kaiser Franz den englischen Garten besonders liebte, ließ er einen großen Park dieser Art in Schloß Laxenburg anlegen, jenen Schönbrunns hingegen ließ man unberührt bestehen.

Weiße Rehe, ein Stachelschwein und eine Antilope im kaiserlichen Tiergarten. Gemälde des Hof-Tiermalers Johann Georg Hamilton, 1724.

Napoleons Einzug in Schönbrunn im Jahre 1809. Stich von François Aubertin nach einer Zeichnung von Alexander Delabarde.

Kaiser Joseph II. hätte Schönbrunn am liebsten mit Brettern vernagelt – so wie er auch die Kaisergruft bei den Kapuzinern vermauern ließ – und war taub gegenüber allen Vorstellungen seiner Bauverwaltung, die auf Reparaturen drängte. Das Schloß war da, es war das Vermächtnis der großen Kaiserin, daher mußte es erhalten werden. Es wurde aller Welt gezeigt, man war stolz darauf, aber es sollte nicht viel kosten. Zuletzt mußte er einen Umbau des Daches bewilligen, da bereits in 50 Zimmern Schäden durch eingedrungenes Regenwasser festzustellen waren. Auch sein Neffe Kaiser Franz II. wurde ständig mit der Notwendigkeit von Reparaturen und Konstruktionsänderungen des Daches konfrontiert. Im Herbst 1808 begann man Hand anzulegen, kam aber nur langsam vorwärts, da wegen des neuerlichen Feldzugs gegen Frankreich im Jahre 1809 die Arbeiten eingestellt wurden. Der Sieger Napoleon nahm von Mai bis Oktober 1809 seinen Aufenthalt in Schönbrunn. Dabei wurde man sich am Wiener Hof – bei aller Feindschaft und Verachtung für den Kaiser der Franzosen – bewußt, wie schlecht mittlerweile auch der Zustand der Innenausstattung des Schlosses geworden war! Der Wiener Kongreß 1813/14 rückte das Habsburgerschloß erneut in den Mittelpunkt des Interesses. Als dann endlich Frieden war, machte man sich in den Jahren 1817-1819 daran, das Dach vollständig zu erneuern und dabei zunächst die Gartenfassade nach dem neuesten Geschmack zu verändern. Den Auftrag erhielt der Hofarchitekt Johann Aman, ein nicht sehr einfallsreicher Klassizist. Er veränderte die hohen, rundbogig abgeschlossenen Fenster des zweiten Stockwerks und vereinfachte die Gesimse, indem er sie gerade und in gleicher Höhe führte. Der Mittelrisalit ist davon besonders betroffen gewesen. Hier setzte Aman auch an die Stelle der runden Uhr, die, in die Balustrade eingefügt, den Mittelbau krönte, eine horizontale Uhr, die sogenannte Vogeluhr. Kaiser Franz II., der 1806 das Reich für aufgelöst erklärt hatte und schon seit 1804 als Franz I. den Titel »Kaiser von Österreich« führte, war mit Amans Leistung, nämlich der konsequent durchgeführten Betonung der Horizontalen, nicht sonderlich zufrieden. Somit unterblieben entsprechende Umgestaltungen an der Hoffassade.

Im Inneren wurden zahlreiche, aber keine einschneidenden Renovierungen durchgeführt, auf die der Besucher teilweise noch heute stößt. Viele Parkettböden wurden neu verlegt und die Wandbespannungen einiger Räume ausgewechselt bzw. durch »indianische« Papiertapeten ersetzt. Der blaue chinesische Salon zeigt noch heute diesen Zustand. Für eine Erneuerung der Möbel mußte man schon für die Gäste während des Wiener Kongresses größere Summen ausgeben. Auch die geänderten Verwendungen der Schloßräume durch Kaiser Franz, seinen Sohn Kaiser Ferdinand und durch Erzherzog Franz Karl und seine Frau Erzherzogin Sophie – die Eltern des späteren Kaisers Franz Joseph – brachten Instandsetzungsarbeiten mit sich.Wenn man liest, Kaiser Franz I. hätte wieder den Sommer in Schönbrunn verbracht, darf man daraus nicht schließen, das Schloß wäre kaiserliche Sommerresidenz gewesen, die Zeiten Maria Theresias wären wiedergekehrt. Der Regierungsstil hatte sich seit Joseph II. vollkommen geändert. Die Herrscher und der Hof waren jährlich viele Wochen oder Monate auf Reisen und dies begreiflicherweise in der warmen Jahreszeit.

Sie besuchten in regelmäßigen Abständen die zahlreichen Länder und Städte ihres riesigen Reiches. Von den Niederlanden bis zur Bukowina, von Böhmen bis Dalmatien durchquerten sie Europa. Regierungssitz waren die Hofburg oder die Reisekutsche! Dazu kamen die dauernden Feldzüge. Der Herrscher begleitete die Truppen oft bis an die Grenzen des Landes, mehrmals war er auf der Flucht. Zweimal mußte Kaiser Franz Wien vor Napoleon räumen und sich nach Mähren oder nach Ungarn zurückziehen. Von einem jährlich wiederkehrenden, lange dauernden Sommeraufenthalt in Schönbrunn kann in den Jahren bis zum Wiener Kongreß also nicht gesprochen werden. Mit dem Frieden kehrten diese, mit den Einschränkungen durch die vielen Reisen, allerdings wieder. Die kaiserliche Familie war groß geworden, und so wurde Schönbrunn bewohnt, nicht zuletzt vom Sohn Napoleons, dem jungen Herzog von Reichstadt, der hier 21jährig im Sommer 1832 starb.

Bereits damals behandelte man das Schloß als Denkmal, an dem nichts mehr verändert werden sollte und begann sich dafür zu interessieren, wie es zu erhalten sei. Kaiser Ferdinand ließ beispielsweise durch eine Kommission prüfen, welche Gemälde zu restaurieren wären. Bekannte Maler wie Joseph Führich, Leopold Kuppelwieser und Ferdinand Georg Waldmüller wurden nach ihrem Urteil befragt.

Für das junge Kaiserpaar Franz Joseph und Elisabeth wurden 1854 mehrere Räume neu eingerichtet. In den folgenden Jahren und Jahrzehnten wurde deshalb fast dauernd gebaut, installiert, elektrifiziert und kanalisiert, denn Franz Joseph wählte Schönbrunn wieder als ständige Residenz und nahm in Kauf, daß er fast täglich in die Hofburg fahren mußte.

Für die Wiener Weltausstellung 1873 wurde besonders viel erneuert und verbessert und die Gästezimmer – die sogenannten Fremdenappartements – neu eingerichtet. Das Napoleonzimmer und der Gobelinsaal erhielten damals ihre noch heute bestehende Ausstattung mit niederländischen Tapisserien. Als man einige Jahre später im Erdgeschoß Räume für den Kronprinzen Rudolf adaptierte und den Umbau dann trotz seines Todes weiterführte, wurden 1891 unter der Wandbespannung jene Malereien Johann Bergls entdeckt, die wir heute so sehr bewundern.

Erwähnt sei noch die letzte große Baustelle im Park: Im Jahre 1880 begann man mit dem Bau des Palmenhauses, jener großen Eisenkonstruktion, die seither den Charakter des westlichen Areals des Parks bestimmt. Nach schweren Kriegszerstörungen erst in den neunziger Jahren unseres Jahrhunderts wiederhergestellt, ist auch das Palmenhaus bereits ein Monument der Architekturgeschichte.

Das östliche Terrassenkabinett als Teil des Appartements der Eltern Kaiser Franz Josephs, eingerichtet um 1860.

In den letzten Jahren des 19. Jahrhunderts wurde Schönbrunn zum Inbegriff einer immer unbeweglicher werdenden

Der Gobelin-Salon, wie er einstmals nach dem Geschmack der francisco-josephinischen Zeit eingerichtet war.

Politik. Franz Joseph hatte seine Generation überlebt und stand ohne persönliche Beziehungen zu seiner Umgebung an der Spitze eines Staates, der vielen nicht mehr zeitgemäß erschien. Der Kaiser selbst sprach davon, daß er »eine Anomalie in der heutigen Welt« sei.

Nach dem Selbstmord des Kronprinzen Rudolf im Jahre 1889 war nach den Hausgesetzen ein Neffe des Kaisers zum Thronfolger vorgesehen. Erzherzog Franz Ferdinand war in vielen politischen Fragen anderer Ansicht als der Kaiser und strebte auch keine Übereinstimmung mit ihm an. Er wollte seine Stunde abwarten. Um vorbereitet zu sein, bildete er eine Art Schattenkabinett in seinem Residenzschloß, dem Belvedere in Wien. Schönbrunn und Belvedere, diese beiden Juwele der österreichischen Baukunst, wurden zu politischen Schlagworten. Das Ende war tragisch. Der Thronfolger wurde bei einer Inspektionsreise in Sarajewo von serbischen Nationalisten ermordet. Der alte Kaiser begann auf Drängen seiner Generale den Krieg gegen Serbien, der zum Weltkrieg wurde. Im dritten Kriegsjahr starb Franz Joseph am 21. November 1916 in Schönbrunn. Mit ihm ging alsbald ein Vielvölkerstaat dahin, dem seine Vielheit und Buntheit zum Verhängnis geworden war.

Nach der Niederlage Österreich-Ungarns im ersten Weltkrieg verzichtete im November 1918 Kaiser Karl auf die Mitwirkung an der Regierung und die Republik »Deutschösterreich« wurde ausgerufen. Diese enteignete das Kaiserhaus und verwies den Kaiser und seine Familie des Landes. Ein ungeheures »Erbe«, auf das sie nicht vorbereitet war, fiel der Republik in den Schoß. In Schönbrunn wurden weitreichende Veränderungen vorgenommen, zahlreiche Räumlichkeiten vermietet, große Teile des Parks verbaut oder abgetrennt, vieles ließ man verkommen, wie etwa die Spielplätze der Kinder des Kaiserhauses mit den uralten Turngeräten, die schöne Einrichtung der Pferdestallungen, das Mobiliar der Dienerzimmer ... Die Sommerreitschule wurde in den Park integriert, das alte kleine Palmenhaus an eine Filmproduktion vermietet.

Während der Erste Weltkrieg keine nennenswerten Schäden mit sich brachte, wurden Schloß, Park, Denkmäler und zahlreiche Nebengebäude im Zweiten Weltkrieg durch Fliegerbomben schwer beschädigt, vieles unwiederbringlich zerstört. Am 21. Februar 1945 schlugen in Schönbrunn 269 Bomben ein! Nach einem langwierigen Wiederaufbau, der durch den Man-

Franz von Matsch: Die deutschen Fürsten, geführt von Kaiser Wilhelm II., gratulierten Kaiser Franz Joseph zum sechzigjährigen Regierungsjubiläum in Schönbrunn im Jahre 1908.

gel an Material, durch das Fehlen von Fachleuten und durch die Besatzungsmächte behindert worden war, wurden nach und nach die Prunkräume – bis 1950 – wieder zur Besichtigung geöffnet.

Schönbrunn, ein Hauptwerk der Baukunst, ein Denkmal hoher Kultur, und ein wichtiger Schauplatz der Geschichte hat einen unverwechselbaren Namen. Es präsentiert sich als eigenartige Mischung von Festlichkeit und Intimität, von Urbanität und Ländlichkeit, die von wohlmeinenden Menschen auch als charakteristisch für die Wiener Lebensart bezeichnet wurde.

Der folgende Führer durch die Räume des Schlosses soll eingehende Kenntnisse von der künstlerischen Ausstattung und eine lebendige Vorstellung von den ehemaligen Bewohnern vermitteln.

Leopold I. 1640-1705
Kaiser 1658
⚭ 1660 Infantin Margarita Teresa († 1673)
⚭ 1673 Claudia Felicitas († 1676)
⚭ 1676 Eleonore von der Pfalz

Joseph I. 1678-1711
Kaiser 1705
⚭ 1699 Wilhelmine
v. Braunschweig-Lüneburg

Maria Josepha
1699-1757
⚭ 1719 Friedrich August
v. Sachsen-Polen

Maria Amalia
1701-1756
⚭ 1722 Karl Albrecht
v. Bayern (Kaiser Karl VII.)

Maria
Anna
1738-1789
Äbtissin in Prag
1766-1781

Joseph II.
1741-1790
Kaiser 1765
⚭ 1760 Isabella
v. Parma
⚭ 1765 Maria
Josepha v. Bayern

Maria
Christine
1742-1798
⚭ 1766 Albert v.
Sachsen-Teschen

Maria
Elisabeth
1743-1808
1781 Äbtissin
in Innsbruck

Karl
Joseph
1745-1761

Maria
Amalie
1746-1804
⚭ 1769 Ferdinand
v. Parma

Franz II. 1768-1835
Kaiser 1792-1806
Kaiser v. Österreich 1804
⚭ 1788 Elisabeth v. Württemberg († 1790)
⚭ 1790 M. Therese v. Sizilien († 1807)
⚭ 1808 Maria Ludovica († 1816)
⚭ 1816 Caroline Augusta v. Bayern

Ferdinand III.
1769-1824
Großherzog v. Toskana
1790

Marie Luise
1791-1847
⚭ 1810 Napoleon I.

Ferdinand I., der Gütige
1793-1875
Kaiser v. Österreich 1835-1848

Franz Karl
1802-1878
⚭ 1824 Sophie v. Bayern

Franz Joseph I.
1830-1916
Kaiser v. Österreich 1848-1916
⚭ 1854 Elisabeth in Bayern
1837-1898

Maximilian
1832-1867
Kaiser v. Mexiko 1865
⚭ Charlotte v. Belgien

Gisela
1856-1932

Rudolph
1858-1889

Marie Valerie
1868-1924

Stammbaum der Habsburger seit Leopold I.

Karl VI. 1685-1740
Kaiser 1711
⚭ Elisabeth Christine
v. Braunschweig-Wolfenbüttel

Maria Theresia
1717-1780
⚭ 1736 **Franz I. Stephan**
v. Lothringen (Kaiser Franz I.)

Maria Anna
1718-1744
⚭ 1744 Karl
v. Lothringen

Maria Amalie
1724-1730

Peter Leopold II.
1747-1792
Kaiser 1790
⚭ 1765 Maria Ludovica
v. Spanien

Maria Josepha
1751-1767

Maria Karoline
1752-1814
⚭ 1768 Ferdinand
v. Sizilien

Ferdinand Karl
1754-1806
⚭ 1771 Beatrice
d'Este

Maria Antoinette
1755-1793
⚭ 1770
Ludwig XVI.
v. Frankreich

Maximilian Franz
1756-1801
Kurfst. v. Köln
Hochmeister d.
Dt. Ordens

Karl
1771-1847
Hochmeister d.
Deutschen Ordens

Joseph
1776-1847
Palatin v. Ungarn
1796

Johann
1782-1859
Reichsverweser
1848/49
⚭ Anna Plochl,
nachm. Gräfin v. Meran
1804-1885

Karl Ludwig
1833-1886

Ludwig Viktor
1842-1919

Franz Ferdinand
1863-1914
⚭ Sophie v. Hohenberg

Otto
1865-1906
⚭ Maria Josefa v. Sachsen

Karl I.
1887-1922
Kaiser 1916-1918
⚭ Zita v. Bourbon-Parma
1892-1989

Die Prunkräume

Seit dem Jahre 1779, dem vorletzten Lebensjahr Maria Theresias, waren die Zeremonienräume und der Park des Schlosses frei zu besichtigen, wenn der Hof nicht anwesend war! Heute stehen dem Besucher Schönbrunns fast alle Räume des ersten Stockwerks und eine Anzahl im Erdgeschoß des Schlosses offen. Hier sind es die an der Parkseite, des Ostflügels gelegenen Goess-Appartements, die der böhmische Maler Johann Wenzel Bergl in phantasievoller Weise geschmückt hat, und die daher jetzt allgemein nach ihm »Berglzimmer« benannt werden, sowie die Schloßkapelle an der linken Seite der Hoffront.

Im ersten Stockwerk, der »Nobeletage« sind es die Appartements des Kaisers, der Kaiserin und der kaiserlichen Familie sowie die Fest- und Repräsentationsräume. Im Laufe von zwei Jahrhunderten unterschiedlich genützt, mehrmals umgestaltet oder neu möbliert, atmen sie noch immer den Geist des Maria-Theresianischen Wiens und seiner Kunst mit ihrer Spannung zwischen elegantem Rokoko und maßvollem Klassizismus. Schönbrunn ist aber nicht nur das Denkmal der großen Herrscherin und Mutter der Völker ihrer Länder, sondern sein Name hat auch in der politischen Geschichte seinen festen Platz. Kunst und Macht verbinden sich in ihm zu einem festen Begriff, wie dies sonst nur für Versailles gilt.

Durch die Pfeilerhalle im Erdgeschoß erreichen wir im Westflügel das Treppenhaus, das uns in den ersten Stock führt. Über die »Blaue Stiege« gelangte auch Kaiser Franz Joseph in seine Wohn- und Arbeitsräume, über sie begaben sich Diplomaten und Minister zur Berichterstattung – zum »Vortrag«, wie es in der Hofsprache hieß –, über sie begaben sich nicht nur Geheimräte, Kämmerer, hohe Beamte und Offiziere zur Audienz, sondern im Laufe der Jahre Zehntausende Menschen, glückliche oder unglückliche »Untertanen« des Kaisers und Königs von Österreich-Ungarn, des größten europäischen Staates neben Rußland.

Ihren Namen führt die Stiege nach der von blauer Farbe dominierten Deckenbemalung, die der Venezianer Sebastiano Ricci in der Zeit zwischen 1701 und 1703 für den Speisesaal des ersten Schloßbaues Kaiser Josephs I. schuf. Das Fresko hat die Verherrlichung des Bauherrn als tugendhaften Mann und als Kriegshelden zum Thema. Die kurze Regierungszeit Josephs I. (1705-1711) war von Kriegen gegen Frankreich an der Rheingrenze, in den Niederlanden und in Ober- und Süditalien beherrscht. Wir sehen den Helden dreimal dargestellt. Auf einer Schmalseite zwischen einem Satyr und einem Engel stehend, den Verführungen der Venus ausgesetzt, auf der anderen Schmalseite als tugendhafter Verfolger fliehender lasterhafter Feinde, und schließlich – auf einer ansteigenden Wolkenbahn schreitend – als Empfänger des Siegerlorbeers vor dem Throne der Ewigkeit.

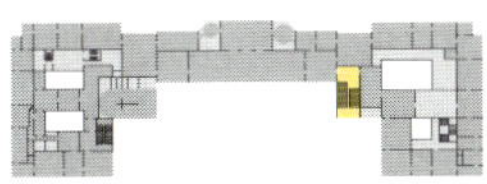

Kaiser Joseph I., der erste Bauherr des Schlosses, dargestellt als Römisch-deutscher Kaiser im Krönungsornat, gekrönt mit der Reichskrone. Die heilige Stephanskrone von Ungarn ist am Tisch zu sehen.

Die Gliederung der Wände, die Einfassungen der Türen und Fenster sowie die Stuckdekorationen stammen ebenfalls noch vom Bau Fischers von Erlach aus den Jahren 1695-1700. Was wir sonst hier sehen, ist das Resultat des Umbaus durch Nikolaus Pacassi 1743, aber auch – wie z.B. das Treppengeländer – jenes von späteren Erneuerungen. Die bronzenen Appliken wurden um 1880 für die elektrische Beleuchtung angebracht. Zur neuesten Ausstattung gehören auch die beiden Gemälde am Treppenabsatz, die vermutlich der Niederländer J. P. Bredael d. Jüngere gemalt hat. Sie stellen Schlachtenszenen der antiken Geschichte und der Sagenwelt dar. Im einstigen Speisesaal standen übrigens die beiden lebensgroßen Figurengruppen aus Metall mit verschiedenen Darstellungen des Herkules, die jetzt in der Einfahrtshalle aufgestellt sind. Sie sind hohl und waren entweder Auslässe für die Warmluftheizung oder dienten – mit Wasser gefüllt – zum Löschen der Fackeln. Sie sollen aus dem Schloß Belvedere stammen, das nach dem Tode des Prinzen Eugen (1738) in kaiserlichen Besitz übergegangen war. Dem berühmten niederländischen Meister Adrian de Vries kann man diese Bronzen jedoch nicht mit Sicherheit zuschreiben.

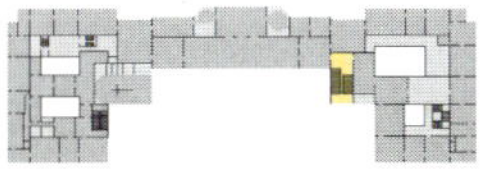

Der erste der Räume, die über die Blaue Stiege erreicht werden, ist das Billardzimmer. Der Spieltisch diente schon Kaiser Franz I. und wurde nach dessen Tod (1835) hierher gestellt. Unsere Aufmerksamkeit erregen jedoch insbesondere drei große Gemälde, die an die Stiftung des Militär-Maria-Theresien-Ordens und an die Jubiläumsfeier ein Jahrhundert danach erinnern: Am 18. Juni 1757 besiegten die österreichischen Truppen unter dem Befehl des Feldmarschalls Graf Leopold Daunbei Kolin – östlich von Prag – König Friedrich II. von Preußen und zerstörten damit seinen Nimbus der Unbesiegbarkeit. Zur Erinnerung an diesen Sieg stiftete Maria Theresia als ersten militärischen Verdienstorden die nach ihr benannte höchste österreichische Tapferkeitsauszeichnung für Offiziere. Ein Gemälde von Martin van Meytens zeigt die feierliche erste Verleihung des Ordens an den Grafen Daun und an den Prinzen Karl Alexander von Lothringen durch Kaiser Franz I. Stephan. Eine buntgekleidete Hofgesellschaft ist auf diesem Bild zu sehen, die sich rund um den Baldachin im großen Saal der Hofburg versammelt, sich aber nicht allzusehr für den patriotischen Festakt zu interessieren scheint.

Ein Jahrhundert danach konnte man stolz auf die bedeutenden Leistungen der Armee, insbesondere im Laufe der Kriege gegen Napoleon, zurückblicken. Nun gab Kaiser Franz Joseph den Offizieren der Wiener Garnison ein Gastmahl im Schloßpark und den »Theresienrittern« ein Bankett in der Großen Galerie des Schlosses. Fritz L'Allemand hielt mit seinen beiden Gemälden die festliche

Martin van Meytens (unter Mitwirkung seiner Werkstatt): Erste Verleihung des Militär-Maria Theresien-Ordens am 7. März 1758 durch Kaiser Franz I. Stephan.

Fritz L'Allemand: Hundertjahr-Jubiläum des Militär-Maria Theresien-Ordens 1857. Hoftafel Kaiser Franz Josephs für die Theresien-Ritter in der Großen Galerie des Schlosses Schönbrunn.

Stimmung dieses Tages fest, die schönen österreichischen Uniformen, die prächtigen Nationalkostüme der Ungarn und Kroaten sowie die vornehmen Galalivreen der Lakaien.

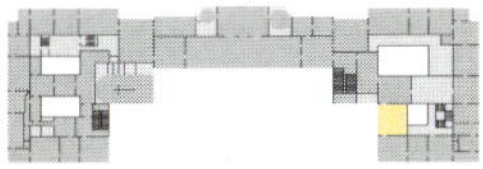

Der anschließende Eckraum ist nach seiner schönen, um 1810 angebrachten Holzvertäfelung Nußbaumzimmer benannt. Zur alten Ausstattung zählt der geschnitzte, vergoldete Holzluster mit achtundvierzig Kerzen, wogegen der weiß-goldene Ofen erst 1872 hier aufgestellt wurde. Der Raum diente schon Kaiser Joseph II. und später Franz Joseph als Audienzzimmer. Mehr als 250.000 solcher Audienzen erteilte er im Laufe seines langen Lebens! Die Selbstverständlichkeit der allgemeinen Audienz war eine habsburgische Tradition, die der »Volkskaiser« Joseph II. begründet hatte. Für Franz Joseph waren sie auch Training für sein hervorragendes Personengedächtnis.

Der Schreibtisch des Kaisers ist hier vor kurzem wieder aufgestellt worden. Eine Schreibgarnitur, eine grüne Samtmappe mit goldenen Beschlägen, und einige gesiegelte Briefe weisen auf die gewohnte Tätigkeit des Herrschers hin. Der Kaiser rauchte Zigaretten, meist aber eine damals sehr populäre Zigarrenart, die »Virginia«. Ein Zigarettenetui mit seinem Monogramm liegt ebenfalls auf dem Schreibtisch.

Von der ehemaligen Einrichtung ist auch ein gläserner Wandschirm, ein »Paravent«, erhalten, der vor Zugluft schützen sollte. Auf den Tischen stehen außerdem zwei Porträtbüsten, eine kleinere Biskuitbüste des Erzherzogs Franz Karl und eine größere seines Sohnes, des Kaisers Franz Joseph.

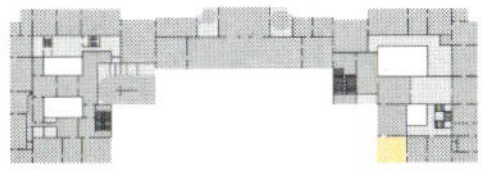

Arbeitszimmer Kaiser Franz Josephs

An das Audienzzimmer schließt das Arbeitszimmer Kaiser Franz Josephs an. Seine letzte Einrichtung überliefert uns ein Gemälde von Franz von Matsch aus dem Jahre 1915, welches den pflichtgetreuen Herrscher beim Lampenschein an seinem Schreibtisch arbeitend zeigt. Franz Joseph lebte während der warmen Jahreszeit in Schönbrunn, arbeitete hier vom frühen Morgen an, nahm die Vorträge seiner Minister und Beamten entgegen und gab – im Nebenzimmer – Audienzen. Zu Mittag blieb er oft am Schreibtisch sitzen und ließ sich das Dejeuner auf einem silbernen Tablett neben die Akten stellen, wie sein getreuer Kammerdiener vieler Jahre Eugen Ketterl in seinen Erinnerungen berichtete. Zur Mittagszeit fuhr er aber auch oft in die Hofburg und kehrte am Nachmittag oder Abend zurück. Sein eleganter schwarzer Leibwagen, ein kleines Stadtcoupé, von weitem an den schönen Pferden und dem livrierten Kutscher zu erkennen, war vielen Wienern daher ein sich tagaus, tagein wiederholender, selbstverständlicher und liebgewonnener Anblick. Damals sagte man, daß man seine Uhr danach stellen könne.

Arbeitszimmer
Kaiser Franz Josephs

Franz Ruß: Kaiser Franz Joseph in der Galauniform eines österreichischen Feldmarschalls in der sogenannten deutschen Adjustierung mit weißem Waffenrock und roten Hosen.
In der Armee wurde unterschieden zwischen Gala- und Campagne-Uniform einerseits und zwischen der deutschen und der ungarischen Adjustierung andererseits.

Die beiden Porträts, die heute im Arbeitszimmer hängen, malte Franz Ruß im Jahre 1863.

Die Kaiserin trägt über einem weißen Spitzenkleid einen roten Mantel, der Kaiser die Galauniform eines österreichischen Feldmarschalls, mit dem rot-weiß-roten Band des Maria-Theresien-Ordens.

Franz Ruß: Kaiserin Elisabeth. Sie trägt ein weißes Spitzenkleid, darüber einen roten Mantel, und als Schmuck die berühmte Smaragdgarnitur, die einst Kaiserin Maria Theresia gehört hatte, aber 1810 umgearbeitet wurde.

Auch einige andere Gegenstände erinnern an das Kaiserpaar: Zwei Biskuitbüsten, eine Bronzestatuette der passionierten Reiterin Elisabeth und ein prunkvoll geschmückter Fächer aus ihrem Besitz. Hinter dem Arbeitszimmer befanden sich Garderobenzimmer und Teeküche.

Das Arbeitszimmer und das folgende Schlafzimmer werden auch als die »Kaiserzimmer« bezeichnet.

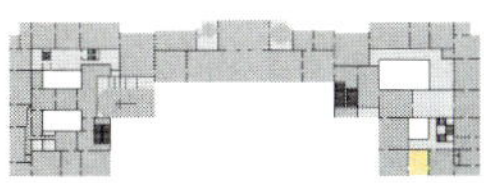

Das Schlafzimmer des Kaisers ist bestimmt von einer bürgerlich anmutenden Einrichtung. Aus braunem Rips sind die Tapeten, und mit demselben Material sind auch die Sitzmöbel bespannt. Der Waschtisch mit Marmorplatte, der Betschemel und das soldatische Eisenbett sind auch in den kaiserlichen Schlafzimmern der Hofburg und der Jagdschlösser obligate Einrichtungsgegenstände. In Zusammenhang mit dem immer besonders beachteten Eisenbett wird von der militärischen Lebenshaltung Franz Josephs gesprochen, daß er fast immer in Uniform gekleidet gewesen sei und seiner Armee, ihren Hunderten Regimentern und Tausenden Offizieren und Soldaten sein ganzes Interesse, ja seine große Liebe gehört habe. Mag daran auch manches einseitig gesehen werden, so gibt doch die Einfachheit dieses Raumes Zeugnis von einer nüchternen, disziplinierten aber auch verantwortungsbewußten Lebensauffassung, die mit derjenigen der phantasievollen, lebensfroh-sentimentalen, vor allem aber individuell-egoistischen der schönen Kaiserin Elisabeth nicht harmonieren konnte.

Die künstlerische Ausstattung ist heute noch bescheidener als zu Lebzeiten des Kaisers, denn zahlreiche Porträts seiner Kinder und Enkel, die hier hingen, gelangten im Erbweg in Privatbesitz. Die Darstellung der heiligen Maria mit dem Jesuskind und den Heiligen ist eine Kopie nach einem Gemälde von Garofalo. Das Bildnis des Kaisers auf dem Totenbett erinnert daran, daß Franz Joseph hier am 21. November 1916 gestorben ist.

Auf einem Trumeau zwischen den Fenstern steht eine sehr schöne, prunkvolle Uhr, bekrönt von einer Statuette des Apolls von Belvedere. Sie ist die Nachbildung einer berühmten antiken Statue im Vatikan.

Zwischen dem Schlafzimmer und dem folgenden Terrassenkabinett wurde 1899 hinter einer verdeckten Tür ein »englisches« WC eingebaut.

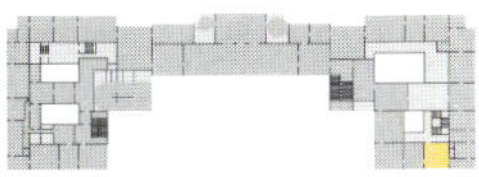

Vom Westlichen Terrassenkabinett (es wurde wie sein östliches Gegenstück erst von Pacassi um 1745 erbaut) führt eine normalerweise verschlossene Türe auf die Terrasse über den Arkaden, die den Ehrenhof zu der nach Westen führenden Hietzinger Allee hin öffnen. Ursprünglich hieß es Altona- oder Altan-Kabinett, und der Vorplatz auf dem Arkadendach war verglast.

In diesem schmalen Raum, der mit schönen Seidentapeten in Goldleisten ausgespannt ist, befindet sich nur das Doppelbildnis der etwa achtjährigen Erzherzoginnen Maria Josepha und ihrer vierjährigen Schwester Maria Antonia (»Antoinette«), der jüngsten Tochter der Kaiserin Maria Theresias. Der französische Maler Pierre Benevault brachte mit diesem Werk etwas vom französischen Geschmack an den Wiener Hof. Er bemühte sich weniger um eine individuelle Charakterisierung der beiden Kinder, sondern gibt sie in einer unpersönlichen, höfischen Atmosphäre wieder, die einer »engagierten« Mutter wie Maria Theresia nicht gefallen konnte. Ihr sagten die realistischen Porträts ihres schwedischen Hofmalers Martin van Meytens mehr zu, denen wir noch in mehreren anderen Schloßräumen begegnen werden, dem ersten schon im nächsten Raum .

Pierre Benevault: Die Erzherzoginnen Maria Josepha (geb. 1751) und Maria Antonia (geb. 1755). Benevault wurde 1752 als Hofmaler nach Wien berufen und lieferte 1759 Porträts von Kindern Kaiserin Maria Theresias für das Schloß Belvedere.

Stiegenkabinett

Der erste Raum, dessen Fenster sich nach Westen zum Kammergarten öffnet, wird als Stiegenkabinett, der an ihn anschließende als Toilettezimmer (Ankleideraum) bezeichnet. Wir betreten nun die Appartements der Kaiserin Elisabeth. Hier bestimmen hellere Farben den Grundcharakter. Teilweise wurde blaue Seide aus Lyon für die Wandbespannung und die Vorhänge gewählt, teilweise wurde der Farbakkord von weiß-goldener Täfelung und roter Brokatbespannung des 18. Jahrhunderts beibehalten. Die Atmosphäre der Räume ist aber auch durch die Ausstattung mit anmutigen Pastellbildern, schönen Porträts kaiserlicher Prinzessinnen sowie Genre- und Landschaftsbildern geprägt.

Kaiserin Elisabeth hat sich viel früher als ihr Gemahl für moderne Installationen und für eine bequemere Einrichtung in der Hofburg und in den Schlössern Schönbrunn und Laxenburg interessiert. Gleichwohl hat es Jahrzehnte gedauert, bis dann ab 1880 überall Warmluftheizung, moderne »englische« WC-Anlagen, Telephonverbindungen und elektrische Beleuchtung eingeleitet wurden. Letztere war übrigens das persönliche Werk von Thomas Alva Edison. Im Jahre 1891 erstrahlten schließlich alle Kronleuchter Schönbrunns im »kalten« Licht des technischen Zeitalters.

Martin van Meytens: Die Erzherzoginnen Maria Anna (geb. 1738), Maria Christine (geb. 1742) und Maria Amalie (geb. 1746).

Vom Stiegenkabinett führte eine eiserne Wendeltreppe ins Erdgeschoß, über die man in den Kammergarten gelangen konnte. In diesem Raum fällt ein Bild auf, das drei Prinzessinnen im zarten Kindesalter zeigt. Es sind drei der älteren Töchter Maria Theresias, nämlich Maria Anna, Maria Christine und Maria Amalia. Obwohl auf Seide, Samt und Hermelin ruhend, sind es drei unverkennbare kleine Persönchen, die Meytens hier porträtiert hat. Kleinen Wandschränken oder Kästchen, die mit Lacktafeln aus China oder Japan verkleidet sind, werden wir in Schönbrunn immer wieder begegnen. Man bewunderte in Europa die ostasiatischen Kostbarkeiten aus Lack und Porzellan und bezahlte sie teuer.

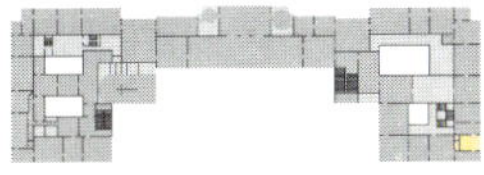

Bildnisse eines alten Mannes und einer Bettlerin von einem Wiener Maler, der sich die Pastellmalerei des Jean Etienne Liotard – dessen Werke Kaiserin Maria Theresia besonders schätzte – zum Vorbild genommen hatte.

Aus dem ehemaligen Toilettezimmer oder Ankleideraum der Kaiserin lugen vier Pastelle eines unbekannten Malers hervor, die in etwas verklärter Weise einfache Menschen aus dem Volk zeigen: alte Menschen, eine Bettlerin, junge Mädchen in ländlicher Tracht. Die Vorliebe für derartige Darstellungen war in der Mitte des 18. Jahrhunderts weitverbreitet, der Genfer Maler Jean Etienne Liotard war darin der große Meister.

Ein paar dunkle Möbel aus der zweiten Hälfte des 19. Jahrhunderts – ein Waschtisch, ein Spiegel und ein Kleiderständer – erinnern an die einstige Funktion dieses Raumes.

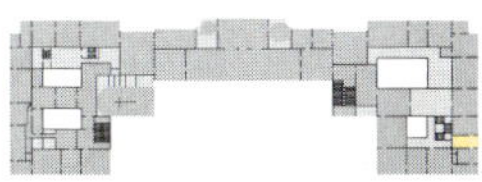

Im Schlafzimmer des Appartements der Kaiserin, dem gemeinsamen Schlafzimmer des jungen Paares, steht das überladen verzierte, fast pompös wirkende Mobiliar aus Palisanderholz in Kontrast zur blauen Seidenbespannung. Die Möbel sollten Zeugnis für den hohen Stand des Wiener Handwerks sein. Die Tischlerinnung der Stadt hat sie nach unbestätigter Tradition im Jahre 1854 Kaiser und Kaiserin zum Hochzeitsgeschenk gemacht. Möbel stehen insofern in besonderer Beziehung zu Franz Joseph, da er als Knabe das Tischlerhandwerk erlernt hatte. Das war habsburgische Familientradition durch 400 Jahre! Die Kaiser waren nicht nur »gelernte« Herrscher, sondern auch Tischler, Drechsler, Uhrmacher oder Goldschmiede. Auf der Burg Kreuzenstein bei Wien ist beispielsweise die Drehbank Kaiser Maximilians I. vom Ende des 15. Jahrhunderts erhalten!

Seitlich steht ein fahrbares Tischchen mit schwenkbarer und in der Höhe verstellbarer Platte, um das Frühstück im Bett servieren zu können.

Das Madonnenbild über dem Doppelbett ist ein Werk des Florentiner Malers Carlo Dolci und stammt aus der kaiserlichen Gemäldesammlung, ebenso Guido Renis Maria mit dem Jesuskind an der Brust und dem kleinen Knaben Johannes.

An der Wand gegen das Fenster hängt ein Bildnis der Erzherzogin Maria Anna, der ältesten Tochter Maria Theresias. Von ihr werden wir später noch hören.

Guido Reni: Maria mit Jesuskind und dem Johannesknaben. Die Werke des Bologneser Malers Guido Reni (1575-1642) und seiner Nachahmer – dieses Madonnenbild könnte auch von G. A. Sirani (1610-1670) stammen – entsprachen der gefühlsbetonten Religiosität des 19. Jahrhunderts.

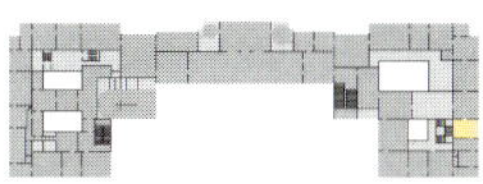

Salon der Kaiserin

Der weiß-goldene Salon der Kaiserin, am Nachmittag lichtdurchflutet, wurde 1873 mit Seidenstoff neu bespannt, ist mit prächtigen Möbeln – darunter eine Chaiselongue mit Schemel und Beistelltischchen – ausgestattet und einer Anzahl schöner Gemälde geschmückt. Zwei italienische Landschaften von Philipp Hackert (1737-1807) stellen die königliche Familie von Neapel bei der Weinlese und bei der Kornernte dar. König Ferdinand IV. war mit Erzherzogin Maria Karolina verheiratet, ihre Kinder waren also Enkel Maria Theresias.

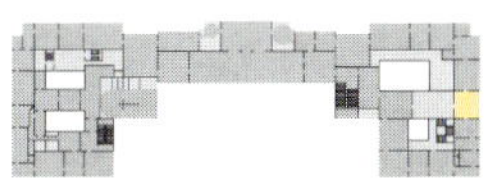

Philipp Hackert: König Ferdinand IV. von Neapel und Königin Maria Carolina mit mehreren ihrer Kinder bei der Kornernte. Diese Art ländlicher Idylle entsprach der Vorliebe der adeligen Gesellschaft für Schäferspiele.

Philipp Hackert: Zwei Söhne König Ferdinands IV. von Neapel in ländlicher Tracht bei der Weinlese.

Die Pastellbildnisse einiger Kinder der Kaiserin hat ein österreichischer Maler um 1752 im Stile des von der Kaiserin hochgeschätzten Liotard gemalt. Wir erkennen den späteren Kaiser Joseph II., etwa elfjährig, seine ältere Schwester Maria Anna und die nächstjüngeren Maria Christine und Maria Elisabeth, die als Neunjährige porträtiert wurde.

Joseph Kranzinger: Erzherzogin Maria Antonia im Alter von etwa 13 Jahren. Sie trägt ein Jagdkostüm und hält eine Reitgerte in der Hand. Auch die Erzherzoginnen beteiligten sich an den Hofjagden. Von Maria Antonia und ihren Schwestern sind auch kostbare Jagdgewehre erhalten.

An der schmalen Wand neben dem schönen, aber neuen Ofen im Rokokostil hängt ein Bildnis der Erzherzogin Maria Antonia aus späterer Zeit (etwa 1768). Die zukünftige Königin von Frankreich Marie Antoinette ist in ein modisches Jagdkostüm gekleidet.

Die persönlichen Gäste, die Kaiserin Elisabeth in diesem Salon empfing, gelangten durch das Gardezimmer und eine dazwischenliegende 2. Anticamera hierher.

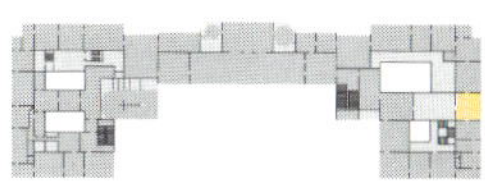

Der große Empfangssaal der Kaiserin heißt nach einem Gobelin, der ihn einst schmückte, Marie Antoinette-Zimmer. Er war ein Geschenk Kaiser Napoleons III. und zeigte die französische Königin mit ihren drei Kindern, wie sie die Malerin Elisabeth Vigée-Le Brun 1787 auf einem repräsentativen Gemälde dargestellt hatte.

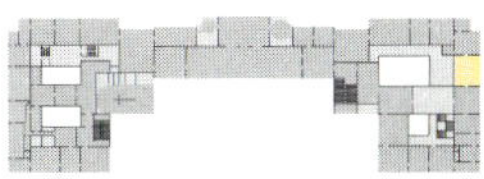

Friedrich von Amerling: Kaiser Franz I. von Österreich im Ornat des Ordens vom Goldenen Vlies

An die Stelle des Gobelins ist 1920 ein ganzfiguriges Porträt Kaiser Franz I. von Österreich getreten, ein Werk des Wiener Biedermeiermalers Friedrich von Amerling. Der erste Kaiser von Österreich trägt hier den Ornat des Ordens vom Goldenen Vlies, der vornehmsten Ordensgemeinschaft Europas. Als burgundischer Ritterorden gegründet, gelangte er als habsburgischer Hoforden zu Macht und

Erzherzogin Leopoldine, eine Tochter Kaiser Franz I. von Österreich, wurde zwanzigjährig mit dem späteren Kaiser Pedro I. von Brasilien verheiratet. Ihr Bildnis dürfte kurz davor, um 1815, in Wien gemalt worden sein.

Ansehen. Nach dem Aussterben der älteren spanischen Linie der Habsburger übernahm die deutsche Linie die Ordenssouveränität und hat sie bis heute inne. Der Ordensschatz befindet sich zum Teil in der Weltlichen Schatzkammer der Wiener Hofburg.

Auf dem dunkelroten, goldbestickten Samtmantel trägt der Kaiser die kombinierten Sterne zu den Großkreuzen der österreichischen Verdienstorden: des Militär-Maria-Theresien-Ordens, des ungarischen St. Stephans-Ordens, des österreichischen Leopoldsordens und des Ordens der Eisernen Krone, der von Kaiser Franz in Hinblick auf die im Königreich Lombardo-Venetien zusammengefaßten italienischen Provinzen gestiftet worden war. Um den Hals liegt die goldene Ordenskette, eine sogenannte Collane, an der das Ordenszeichen, das goldene Widderfell (»Vlies«) hängt. Dieses Kleinod zeigt die Zugehörigkeit zur Ordensgemeinschaft an, ist aber kein Verdienstorden oder Ehrenzeichen. Die kleinen Bilder in diesem Raum stellen Kinder Maria Theresias dar, es sind Gemälde des vielbeschäftigten Hofmalers Martin van Meytens und seiner Werkstatt. Porträts Josephs II. und seiner zweiten Gemahlin Maria Josepha von Bayern hängen an den Schmalseiten des Zimmers, neben den Fenstern. Die ungeliebte Kaiserin starb schon zwei Jahre nach der Hochzeit. Joseph war zum zweiten Mal verwitwet.

Ein bedauernswertes Schicksal hatte auch Erzherzogin Maria Leopoldina, deren kleines Porträt neben dem Ofen hängt. Sie mußte, wie ihre Schwester Marie Louise, eine politische Ehe eingehen. 1817 heiratete sie den brasilianischen Kronprinzen Dom Pedro, dem sie moralisch und geistig weit überlegen war. Unter ihrem Einfluß erfolgte die Loslösung Brasiliens vom Mutterland Portugal. In späteren Jahren wurde die Ehe sehr unglücklich und infolge körperlicher Mißhandlungen durch ihren Mann erlitt Kaiserin Leopoldine eine Fehlgeburt und starb mit 29 Jahren 1826 in Rio.

In den späteren Lebensjahren kam Kaiserin Elisabeth keinen Repräsentationsverpflichtungen mehr nach und trat das Marie Antoinette-Zimmer zunächst ihrer Tochter Marie Valerie ab. Nach deren Verehelichung wurde es seit 1891 von Kaiser Franz Joseph als Empfangssaal benützt. Hier nahm der greise Monarch 1908 die Gratulation aller deutschen Souveräne, an ihrer Spitze Kaiser Wilhelm II., zum 60.Regierungsjubiläum entgegen. Die Szene ist auf einem Gemälde von Franz von Matsch dargestellt, das im Historischen Museum der Stadt Wien aufbewahrt wird.

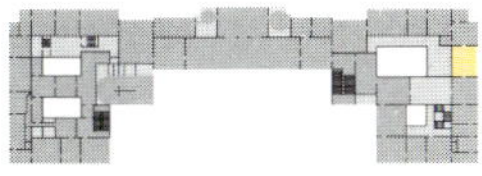

Das erste Kinderzimmer wird auch Blauer Salon des Appartements der Erzherzogin Marie Valerie genannt. Die schöne Farbabstimmung der weiß-goldenen Täfelung, der blauen Vorhänge und der ebenso bezogenen Möbel (ein Ensemble, das vom feinen Geschmack des Kaiserhofes um 1854 Zeugnis ablegt) gibt den Rahmen für eine Serie bezaubernder Porträts. Ein unbekannter österreichischer Maler, dem man den »Notnamen« Meister der Erzherzoginnenporträts gegeben hat, schuf um 1767/68 die Bildnisse der damals noch lebenden sechs Töchter der Kaiserin Maria Theresia. Es sind keine Kinderbildnisse, sondern Porträts erwachsener Prinzessinnen, selbst die zwölfjährige Maria Antonia ist schon eine junge Dame.

Die älteste, Maria Anna (ihr Porträt hängt rechts neben der Türe zum Frühstückszimmer), kam zur Welt als ihre Mutter noch Erzherzogin war und war ihr geliebtes Sorgenkind. Häufig krank, widmete sie sich nicht nur der Lektüre und den »künstlerischen« Arbeiten, die die Töchter der Kaiserin gelehrt und die ihnen aufgetragen wurden, wie Zeichnen, Handarbeiten und Theaterspielen, sondern sammelte auch Münzen und Naturalien. Darin folgte sie dem Beispiel ihres schwärmerisch bewunderten Vaters, dessen Liebling sie war. Kurz bevor das Porträt entstand, trat sie als Äbtissin in das Adelige Damenstift in Prag ein, blieb aber zu Lebzeiten ihrer Mutter meist in Wien; sie starb in Klagenfurt.

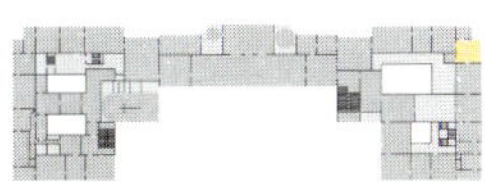

Erzherzogin Maria Christine (1742-1798) im Alter von etwa 25 Jahren, kurz nach ihrer Heirat mit Herzog Albert zu Sachsen.

Maria Christine (ihr Porträt hängt gegenüber, neben dem Spiegel) durfte als einzige der Töchter aus Liebe heiraten, allerdings auch erst den zweiten Kandidaten und erst 1766, nach dem Tode ihres Vaters, des Kaisers.

An der Seite ihres Gemahls, des Herzogs Albert zu Sachsen, hatte sie Anteil am Aufbau einer bedeutenden Sammlung von Handzeichnungen und Graphik, die heute als Albertina Weltruhm genießt. Sie zeichnete und malte selbst mit geschickter Hand. Einige ihrer Werke sind in Schönbrunn zu sehen.

Maria Elisabeth (ihr Bildnis hängt neben jenem Maria Annas), ebenso schön wie gefallsüchtig, war ein begehrtes Heiratsobjekt; die Könige von Polen, von Spanien und von Frankreich waren Kandidaten. Im Unglücksjahr 1767 wurde sie durch die Blattern entstellt und blieb unverheiratet. Sie wurde Äbtissin des Adeligen Damenstiftes in Hall in Tirol.
Maria Amalia mußte 1769 den um fünf Jahre jüngeren Herzog Ferdinand von Parma heiraten. Sie war das einzige Kind, das sich dem Einfluß ihrer Mutter gänzlich entzog.

Maria Karolina hält ein Blatt mit dem Bildnis ihres Vaters in Händen. Ihren damit angedeuteten künstlerischen Neigungen konnte sie sich allerdings nicht mehr widmen, als sie unvermittelt nach dem Tode ihrer Schwester Maria Josepha an deren Stelle König Ferdinand IV. von Neapel heiraten mußte. Dieser war roh, ungebildet und häßlich (»il re lazzarone«), aber er war so einsichtig oder bequem, die Regierungsgeschäfte seiner energischen Frau zu überlassen. Maria Karolina war ihrer Mutter sehr ähnlich, klug, tapfer und treu. Im Park von Schönbrunn ließ sie an dem Platz, wo sie als Kind ihr Gärtchen hatte, ein Denkmal setzen.

Maria Antonia, die jüngste der Töchter, wurde fünfzehnjährig aus der familiären Wärme des Wiener Hofes an den luxuriösen und verschwenderischen Hof von Versailles versetzt. Ein paar allzu unbeschwerte Jahre lang triumphierte die Schönheit der Kronprinzessin Marie Antoinettes, die das Porträt im Blauen Salon schon

Erzherzogin Maria Antonia (1755–1793), die spätere Königin von Frankreich, im Alter von 12 Jahren.

Erzherzogin Maria Carolina (1752–1814) im Alter von etwa 15 Jahren, kurz vor ihrer Hochzeit mit König Ferdinand von Neapel, Sizilien.

ahnen läßt. Zu spät fand sie als Königin zu Verantwortung und Charaktergröße, bewährte sich aber in Gefangenschaft und Tod am Schafott als wahre Tochter ihrer großen Mutter. Unter Marie Antoinettes Bildnis steht ein schönes und apartes Rosenholzmöbel aus ihrem Besitz. Es ist mit vergoldeten Bronzeappliken beschlagen, mit Gouache-Malerei unter Glas und mit feinen Reliefs aus Biskuitporzellan der Manufaktur von Sèvres geschmückt. Diesen »Sekretär« Marie Antoinettes hat der berühmte Ebenist Adam Weisweiler um 1780 geschaffen. Er gelangte als Geschenk Kaiser Napoleons III. und der Kaiserin Eugenie an Kaiserin Charlotte. Sie war die Gemahlin Maximilians von Mexiko, dem unglücklichen Bruder Franz Josephs.

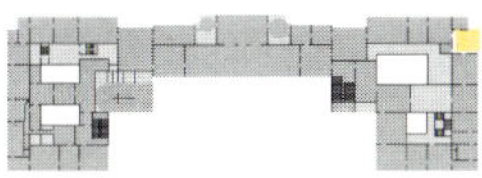

Das Kabinett an der Südwestecke wurde wahrscheinlich von Kaiserin Maria Josepha, der zweiten Gemahlin Josephs II., deren Bildnis wir schon gesehen haben, als Frühstückszimmer verwendet. Davor war es ein grüngetäfelter Raum der Privatgemächer des Kaisers Franz Stephan und Maria Theresias gewesen und wohl in ähnlicher Weise benützt worden. Die gerahmten Applikationsstickereien hat Maria Theresia selbst verfertigt, zum Teil vermutlich gemeinsam mit ihren Töchtern. Die Ausstattung dieses Raumes sowie des Porzellankabinetts im Ostflügel sind Beispiele für die persönliche Mitarbeit der kaiserlichen Familie an der Ausschmückung der Schloßräume.

Ebenso bezeichnend für den maria-theresianischen »Geschmack« sind die chinesischen Porzellangefäße über dem Spiegel und die beiden großen grünen Bodenvasen. Mit den altrosa Vorhängen und der Bespannung der Sitzmöbel schlagen sie einen Farbakkord an, der den kleinen Raum unvergeßlich macht.

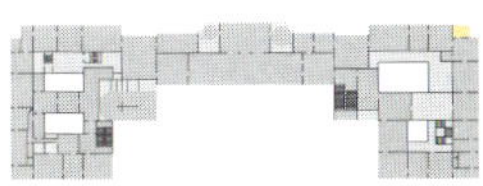

Gelber Salon

Der Gelbe Salon, benannt nach den Louis-seize-Möbeln, war einst das Schlafzimmer Kaiser Franz Stephans und Maria Theresias in deren Jugend bis 1747; später wohnte hier die Schwester des Kaisers, Charlotte von Lothringen, und 1831 wird es als Arbeitszimmer Kaiser Franz I. von Österreich erwähnt. Damals war es mit »indianischem Papier« tapeziert. Auf der Holzverkleidung, die 1854 an deren Stelle trat, hängen heute Pastelle von Jean Etienne Liotard, die wohl alle aus dem Besitz Maria Theresias stammen. Sie liebte die Werke des extravaganten Malers aus Genf. Dreimal weilte er in Wien, und zwar in den Jahren 1742/43, 1762 und 1778. Er porträtierte die jugendliche Kaiserin, später das Kaiserpaar und die blühende Kinderschar. Dabei brachte er auch eigene Werke mit, die Maria Theresia kaufte. Einige ließ sie wohl von Anfang an in ihren Privat-

Jean Etienne Liotard: Bildnis eines kleinen Mädchens mit Puppe, möglicherweise die Tochter des Künstlers.

Jean Etienne Liotard: Kinder mit Seifenblasen.

gemächern in Schönbrunn aufhängen, andere wurden in die kaiserliche Gemäldegalerie aufgenommen. Von dem kleinen Mädchen mit einer Puppe nimmt man an, daß es die Tochter Liotards, Marie Anne Françoise, ist.

Auf einem Trumeau mit intarsierten Feldern steht eine prachtvolle Pariser Uhr, die auch die Mondphasen anzeigt. Es wird erzählt, sie wäre ein Geschenk Napoleons an seinen Schwiegervater Kaiser Franz I. von Österreich gewesen. Diese Cicerone-Weisheit kann man allerdings durch nichts bestätigen.

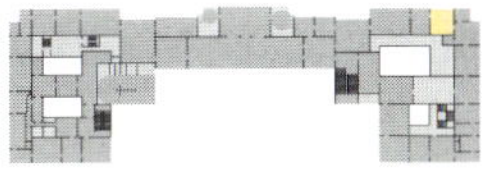

Das Balkonzimmer war das Schlafzimmer der Erzherzogin Marie Valerie, der jüngsten Tochter des Kaisers Franz Joseph und der Kaiserin Elisabeth. Sie war ihrer Mutter besonders lieb und vertraut und bis zu ihrer Hochzeit mit Erzherzog Franz Salvator aus der toskanischen Linie des Hauses Habsburg im Jahre 1890 auch deren häufige Reisebegleiterin. Nach dem Tode der Kaiserin übernahm die Erzherzogin auch repräsentative Pflichten an der Seite ihres Vaters.

Martin van Meytens: Die drei älteren Söhne der Kaiserin Maria Theresia, die Erzherzöge Peter Leopold (geb. 1747), Joseph (geb. 1741) und Karl Joseph (geb. 1745).

Im Balkonzimmer hängt ein Gemälde von Martin van Meytens mit der Darstellung der drei älteren Söhne Maria Theresias. Joseph (in der Mitte), Karl Joseph (rechts) und Peter Leopold (links) sind trotz ihres kindlichen Alters in militärische Uniformen gekleidet. Als Söhne des Kaisers wurden sie nämlich schon früh zu Inhabern von Regimentern ernannt. Joseph führte seit seinem achten Lebensjahr nominell ein Dragonerregiment, dessen Uniform für den Kronprinzen aber den traditionellen höfischen Kleidervorschriften angepaßt war. Karl Joseph ist als Zweitältester aus politischen Gründen Inhaber eines ungarischen Regiments und trägt daher dessen malerische Uniform mit allen Merkmalen der ungarischen Nationalkleidung, und der jüngste ist ein kleiner Kürassier. An den Seitenwänden sind insgesamt acht Kinder Maria Theresias in Bildnissen versammelt, links sind es die drei älteren Töchter Maria Anna, Maria Christine und Maria Elisabeth und der Jüngste Maximilian Franz, der später Erzbischof und Kurfürst von Köln wurde und den jungen Beethoven zu Haydn nach Wien schickte. Gegenüber sind es die Schwestern Maria Karolina und die frühverstorbene Johanna Gabriele sowie ihre Brüder Ferdinand Karl und Peter Leopold, der »Kürassier«.

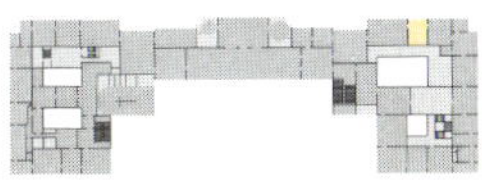

Die einheitliche weiß-golden gefaßte Holzvertäfelung und die gleichsam aus den Ecken herauslaufenden Stuckornamente des Spiegelzimmers, seine weißen Marmor- kamine und die zwölf vergoldeten Bronzegirandolen entsprechen Pacassis Konzept einer Umgestaltung des Barockschlosses im Geschmack des Rokoko. Den farblichen Grundakkord beleben rotgepolsterte Sitzmöbel (»Tabourets«) und ostasiatische Boden- und Tischvasen aus blau-weißem Porzellan. Der Saal war wie die vorhergehenden

Räume von den »Schloßherren« verschieden verwendet worden. Von Joseph I. noch als Schlafzimmer, in der neuen Ausstattung als Audienzzimmer oder Speisesaal für »kleinere Anlässe«. Ein solcher war auch der denkwürdige Empfang Leopold Mozarts und seiner Kinder, der elfjährigen Nannerl und des sechseinhalbjährigen Wolferl. Hier im Spiegelzimmer spielte er am 13. Oktober 1762 der Kaiserin auf dem Clavecin vor, ist ihr auf »den Schoß gesprungen und hat sie an den Hals bekommen und rechtschaffen abgeküßt«. Der stolze Vater berichtet dann noch: »Kurz, wir sind von drei bis sechs Uhr bei ihr gewesen, und der Kaiser kam selbst in das andere Zimmer heraus, mich hineinzuholen, damit ich die Infantin auf der Violine spielen hörte …«

In einer Türnische des Raumes befindet sich ein kleiner Altar mit einem Madonnenbild von Agricola. Vor ihm wurden neu ernannte Minister wahrscheinlich schon im späteren 18. Jahrhundert, sicherlich aber noch vor Kaiser Franz Joseph vereidigt.

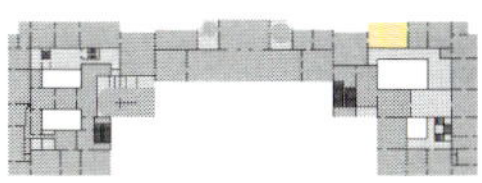

Die Rosa-Zimmer

Die Rosa-Zimmer, es sind deren drei, tragen den Namen des Malers Joseph Rosa, der einer deutsch-niederländischen Malerfamilie Roos entstammte, an den Höfen von Dresden und Wien tätig war und schließlich 1772 von Kaiser Joseph II. als Direktor der kaiserlichen Gemäldegalerie endgültig nach Wien berufen wurde. Für die drei Repräsentationsräume an der Gartenfront des Schlosses Schönbrunn schuf er schon früher, zwischen 1760 und 1765, eine Serie von 15 gebirgigen Landschaften: Bauern am Feld, Hirten und Herden an den Ufern der Gewässer ruhend, Reisende, die ihres Weges ziehen. Eine frühromantische Begeisterung für die Natur kommt hier zum Ausdruck, die Maria Theresia mit dem Künstler teilte, aber auch ein Interesse an der Geschichte der Dynastie, denn auf einem der Gemälde im »großen« Rosa-Zimmer ist die Ruine Habsburg, die Stammburg der Dynastie, im schweizerischen Aargau dargestellt (neben der Tür zum Spiegelzimmer).

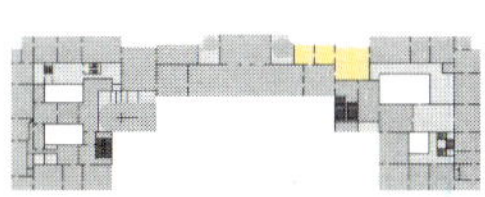

Martin van Meytens: Kaiserin Maria Theresia im Alter von etwa 25 Jahren, als sie sich intensiv mit der Umgestaltung und Ausstattung des Schlosses Schönbrunn beschäftigte. Die Kaiserin ist hier als Königin von Ungarn dargestellt. Sie trägt ein goldbesticktes Staatskleid, neben ihr auf dem Tisch liegt die ungarische St. Stephanskrone, in der Hand hält sie das Szepter der Könige von Ungarn.

Joseph Rosa: Große Flußlandschaft mit der Ruine Habsburg. Sowohl die Stimmung des Bildes wie auch die Tatsache, daß Maria Theresia die Stammburg ihrer Dynastie malen ließ, weist auf eine frühe romantische Gesinnung hin und ein Interesse an der eigenen Geschichte. Beides Erscheinungen, die erst im frühen 19. Jhdt. allgemein verbreitet sind.

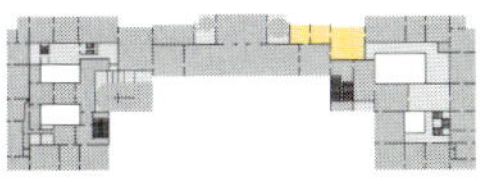

Joseph Rosa: Berglandschaft mit Reisenden bei der Rast und einem bepackten Esel.

Joseph Rosa: Herde von Ziegen und Schafen, im Vordergrund ein Hirtenhund.

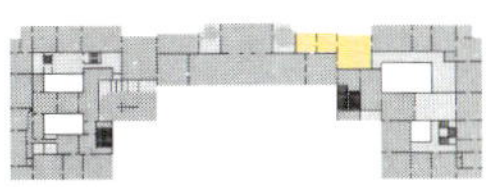

Vom dritten Rosa-Zimmer führt eine Tür geradewegs in das runde chinesische Kabinett. Sie ist verschlossen, um das Klima dieses kostbaren Raumes möglichst stabil zu halten. Daher können wir es ebenso wie sein ovales Gegenstück erst von der Kleinen Galerie aus bewundern. Wir gehen zunächst weiter in das Laternenzimmer, ein großes Vorzimmer, welches auch von der Blauen Stiege betreten werden kann. Sein Name könnte daher rühren, daß hier Lakaien bereitstanden, um Gäste mit Laternen zum Wagen zu geleiten. Jedenfalls war es der Haupteingang zu den Empfangsräumen im Zentrum des Schlosses, denen auch wir uns nun zuwenden wollen.

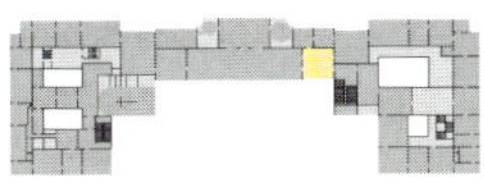

Diese beiden prunkvollen Säle sind das Herzstück des Umbaus, den Maria Theresia durch Pacassi vornehmen ließ. Sie konnten in verschiedenster Weise verwendet werden.

Die Große Galerie war der eigentliche Fest- und Ballsaal, gewöhnlich aber versammelten sich hier zahlreiche Personen, um durch die beiderseits gelegenen Vorzimmer – das Laternenzimmer und das Karussellzimmer – zur Audienz geführt zu werden. Öffentliche, allgemeine Audienzen waren an den Sonntagen angesetzt, Privataudienzen an den Freitagen, Minister und hohe Offiziere kamen täglich zum Vortrag.

Die Große Galerie ist der eindrucksvollste Raum der maria-theresianischen Epoche. 40 m lang, knapp 10 m breit und ebenso hoch, wird er von einer leicht gewölbten Decke überspannt, die Gregorio Guglielmi in den Jahren 1760-1762 mit Fresken bemalte. Sie stellen in ungewöhnlicher Weise die damals aktuelle politische, militärische und ökonomische Situation der »Österreichischen Monarchie«, also der habsburgischen Länder in ihrer Gesamtheit dar. Auf dem Fresko im großen Mittelfeld werden die österreichischen Kronländer durch allegorische Personen dargestellt und versammelt, um dem ganz natürlich und patriarchalisch, also nicht allegorisch, abgebildeten Herrscherpaar zu huldigen. Die ungarische und die böhmische Königskrone, der österreichische Erzherzogshut und andere Herrschaftssymbole werden Maria Theresia überreicht.

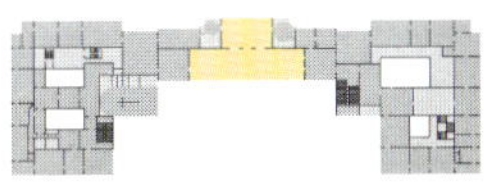

Die Werke des Friedens, Förderung von Kunst und Wissenschaft. Fresko von Gregorio Guglielmi an der Decke der Großen Galerie, 1761.

Die beiden seitlichen Deckenbilder spannen dieses Österreich im Mittelfeld in jene beiden Kräftefelder ein, die das Wohl und Weh eines Staates und der Menschen zu allen Zeiten bestimmen: zwischen die Kräfte des Friedens, die Handel, Ackerbau und Gewerbe erblühen lassen, und des Krieges.

Die kriegerischen Szenen sind Illustrationen des aktuellen Geschehens des seinem Ende zugehenden Siebenjährigen Krieges (1756-1763) gegen Preußen: Lagebesprechung, marschierende Truppen, das Feuer der Grenadiere – alles ist unmittelbar gegenwärtig!

Die Wände der Großen Galerie sind durch mächtige korinthische Pilaster gegliedert, die ein unruhig schwingendes, goldenes Liniengeflecht, Zweige, Blüten und kunstvoll zusammengestellte Geräte, Waffen und Instrumente und letztlich das Rahmenwerk der Deckenfresken tragen. Diese vielgestaltigen Stuckarbeiten schuf Albert Bolla gleichzeitig mit der neuen Deckenbemalung Gregorio Guglielmis. Der Stuck mußte 1870 gründlich restauriert werden, nachdem auch die Beleuchtungskör-

Maria Theresia, Königin von Ungarn und Böhmen, Erzherzogin von Österreich. Ausschnitt aus dem Mittelfresko von Gregorio Guglielmi an der Decke der Großen Galerie, 1761.

Kaiser Franz I. Stephan, Gatte Maria Theresias. Marmorbüste von Balthasar Moll. Um 1765.

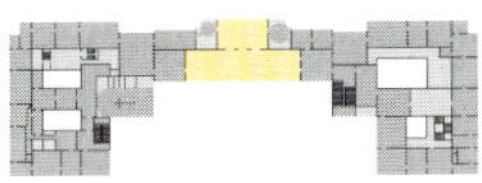

Königin Marie Antoinette von Frankreich, die jüngste Tochter Maria Theresias. Marmorbüste mit Medaillons, die am Sockelrand Kinderbildnisse zeigen, von Charles F. van Poucke, 1779.

per erneuert worden waren. Die großen Luster aus Holz wurden 1858 erstmals erwähnt, insgesamt erhellen heute 1.104 Glühbirnen den festlichen Saal, dessen weiß-golden flimmernde Helligkeit durch die großen Kristallspiegel noch gesteigert und erweitert wird.

In der Kleinen Galerie, Ort der Familienfeste – das waren vor allem die Namenstage der Kinder und der Eltern, intime Musikdarbietungen und kleine Geselligkeiten –, ist die Ausstattung zurückhaltender, die Dekoration feiner, zarter und lockerer komponiert. Die Wandgliederung verbindet sich in fließenden Übergängen mit dem Gesims und den Bögen der Decke.

Das Deckengemälde der Kleinen Galerie feiert das »milde Regiment« der »Kaiserin«, die tatsächlich als Königin von Ungarn, Böhmen, Dalmatien, Kroatien, als Erzherzogin von Österreich, als Herzogin der Steiermark, Kärntens, Krains und zahlreicher weiterer Länder, als Großfürstin von Siebenbürgen, als Markgräfin von Mähren und Istrien usw. usw. selbstbewußt und verantwortungsvoll regierte. Den Titel einer Kaiserin führte sie nur als Gattin des Kaisers.

In Schönbrunn war sie aber auch die große Hausfrau und Mutter, obwohl sie die Politik nie aus den Augen ließ. Passenderweise stehen an den Schmalseiten der beiden Galerien Porträts mit ausgesprochen familiärem Bezug. Auf der einen Seite der Großen Galerie eine barock bewegte Marmorbüste, ein Werk des österreichischen Bildhauers Balthasar Moll. Sie stellt Kaiser Franz Stephan dar, der im Hintergrund wirkte, aber doch das Haupt der Familie war, und zwar einfach deshalb, weil er Maria Theresia so viel bedeutete.

Auf der anderen Seite steht ein klassizistisches Werk von J. Cerachi, eine Büste des Kaisers Franz II., des letzten »römischen« und ersten Kaisers von Österreich. Er war der erste, freudig begrüßte Enkel der Kaiserin gewesen.

In der Kleinen Galerie befinden sich neben den Türen zu den Chinesischen Kabinetten Marmorbüsten von zwei Töchtern Maria Theresias. Sie stehen auf gleich gestalteten Sockeln, die mit rotem Porphyr belegt und am oberen Rand mit ovalen Marmormedaillons geschmückt sind. Die Medaillons zeigen Kinderbildnisse. Neben der Türe zum ovalen Kabinett erkennen wir eine Büste der Königin Marie Antoinette von Frankreich, die mit 1779 datiert ist.

Gegenüber steht die Büste der uns schon bekannten Königin Maria Karolina von Neapel. Sie liebte ihre Mutter Maria Theresia, Schönbrunn und Wien und war immer bestrebt, ihren Kindern diese Liebe weiterzugeben. Beide Marmorbüsten sind Werke des flämischen Bildhauers Charles F. van Poucke aus den damaligen österreichischen Niederlanden, dem heutigen Belgien. Poucke war 1774 nach Neapel berufen worden, um die Königin zu portätieren und brachte sein Werk 1776 selbst nach Wien, wo ihn Maria Theresia fürstlich belohnte.

Eine besondere Vorliebe des frühen 18. Jahrhunderts galt den bewunderten Lackarbeiten, den Seidentapeten und dem Porzellan Chinas und Japans. In Schönbrunn sind diese teuer bezahlten Lieblinge der fürstlichen Wohnkultur, manchmal erst in Wien verarbeitet, vielfach verwendet worden. Gefäße, Figuren und Ziergegenstände aus Porzellan sowie Wandschirme aus bemalten Lacktafeln sind im ganzen Schloß verteilt. Zwei Räume, die uns die fernöstliche Welt vorzaubern wollen, schmiegen sich zu beiden Seiten der Kleinen Galerie in die Rundungen des Mittelrisalits des Schlosses. Es sind die beiden Chinesischen Kabinette, im Westen das ovale, gegenüber das kleinere runde.

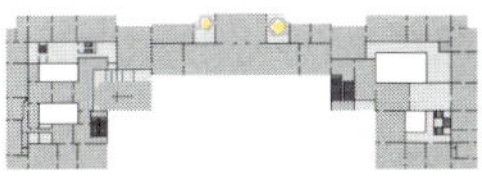

In die weiße Holzvertäfelung, Boiserie genannt, sind große Spiegel und schwarz-goldene »Laque«-Tafeln verschiedener Formen und Größen eingelassen, auf denen Landschaften, Zweige blühender Bäume oder Tiere dargestellt sind. Aus ihren vergoldeten Rahmen wachsen kleine Konsolen, auf denen weiß-blaues Porzellan steht. Über dem Kabinett wölbt sich eine flache Kuppel, die von einem kunstvoll gestalteten Fries gleichsam eingerahmt wird. Rocaillen sind mit gewellten Stegen und Blumenranken verbunden. Pfaue, seltsame Vögel, Schmetterlinge und ostasiatische Gefäße beziehen sich auf die Exotik des Raumes. Große blau-rot dekorierte Porzellanvasen aus Japan, gepolsterte lackierte Sitzmöbel, sogenannte Tabourets, stehen auf dem kunstvollen Parkett, das ebenso wie die emaillierten Beleuchtungskörper in Wien erzeugt wurden.

Beide Kabinette dienten als Konferenzzimmer. Geheime Stiegen führten zu ihnen, zum ovalen Kabinett auch ein Speisenaufzug, damit man Gespräche ungestört und unbelauscht

führen konnte. Der angeblich durch eine Öffnung im Fußboden in die Höhe gezogene gedeckte Tisch wurde die »Verschwörungstafel« genannt. Nach solchen Konferenzen blieb die Kaiserin gerne beim Kartenspiel sitzen, beim harmlosen Lansquenet oder beim riskanten Pharao. Sie spielte – und verlor – sehr hoch, was ihr allzeit wirtschaftlich denkender Gatte herb kritisierte. Er verwaltete ja ihr Privatvermögen und liebte es nicht, daß sie bei ihm Schulden machen mußte.

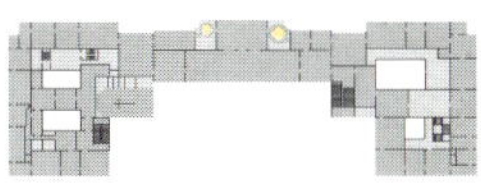

1581 J.G. AUERBACH

Verlassen wir das festliche Raumgefüge der Galerien in östlicher Richtung, so erreichen wir das Karussellzimmer. Diese »erste Anticamera« für Kaiser Franz Stephan blieb bis ins 19. Jahrhundert ein typisches Vorzimmer mit sage und schreibe sechs Türen! Erst 1864 wurden zwei davon zugemauert und die Wände mit jenen Gemälden geschmückt, denen sich unser Interesse zuwenden sollte. Auf dem rechten sehen wir prächtig gekleidete Damen und Herren zu Pferde oder in kleinen geschnitzten Rokokowägelchen in der Winterreitschule der Wiener Hofburg. Auf verspielte Weise feierte Maria Theresia als junge Königin von Ungarn und Böhmen am 3. Jänner 1743 die Rückeroberung Prags durch die Österreicher und damit die Wende im Schlesischen Krieg gegen Preußen und Bayern. Maria Theresia führt vom Sattel aus eine gerittene Quadrille, während acht andere Damen in bespannten Wägelchen sitzend, die von Kavalieren gelenkt werden, durch die große Reitbahn fahren.

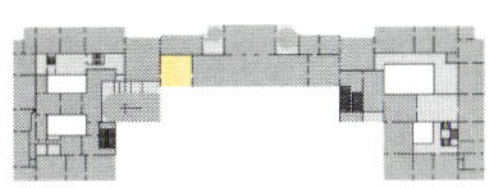

Martin van Meytens: Stiftung des königlich ungarischen St. Stephans-Ordens und erste Verleihung durch »Königin Maria Theresia«.

Martin van Meytens (unter Mitwirkung seiner Werkstatt): Damenkarussell des Wiener Hofes am 3. Jänner 1743 in der Winterreitschule der Hofburg. Eines der holzgeschnitzten Wägelchen ist erhalten geblieben und in der Wagenburg ausgestellt.

Ein sehr bedeutsames politisches Ereignis war für Maria Theresia die Wahl und Krönung ihres Sohnes Joseph zum römisch-deutschen König im Jahre 1764, wodurch die Nachfolge in der Kaiserwürde für die habsburg-lothringische Dynastie gesichert war. Tatsächlich starb Kaiser Franz Stephan überraschend schon im folgenden Jahr und Joseph II. trat die Regierung im Reich an.

Die Krönung Josephs war der Mutter Anlaß für die Stiftung des ersten zivilen Verdienstordens der Monarchie. Sie benannte ihn nach dem heiligen Landespatron Ungarns St. Stephans-Orden und gab ihm in traditioneller Weise den Charakter einer Vereinigung gleichgestellter und gleichgesinnter Männer mit Ordensstatuten, Funktionären und festlichem Ordenskostüm, das natürlich in den ungarischen Wappenfarben Rot-Weiß-Grün gehalten war.

Auf dem Gemälde, das aus der Werkstatt Meytens stammt, ist die feierliche erste Verleihung am 6. Mai 1764 dargestellt. Maria Theresia zeichnet als Königin von Ungarn vier Männer mit dem Großkreuz aus. Kaiser Franz Stephan darf dabei inkognito zusehen, denn Ungarn gehörte nicht zum Reich, er hatte an diesem Tag also keine offizielle Funktion.

Neben der Ausgangstüre hängt ein eindrucksvolles ganzfiguriges Bildnis Kaiser Karls VI., des Vaters Maria Theresias. Er war in seiner Jugend König von Spanien gewesen, überdies ein hochmusikalischer Mann und ein großer Bauherr. Hier aber tritt er uns, mit dem spanischen Mantelkleid aus Goldbrokat bekleidet und mit dem Orden vom Goldenen Vlies geschmückt, als Römischer Kaiser, als ranghöchster Herrscher Europas entgegen.

Auf dem Tischchen darunter bewahrt eine Vitrine eine erst vor kurzem erworbene Büste Karls VI. von beachtlicher künstlerischer Aussagekraft.

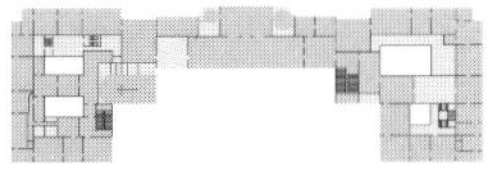

Martin van Meytens (unter Mitwirkung seiner Werkstatt): öffentlicher Einzug der Prinzessin Isabella von Parma als Braut des späteren Kaisers Joseph II. in Wien am 6. Oktober 1760.

Der Wagenzug bewegt sich auf die Augustinerkirche zu. Außerdem sind im Hintergrund die Hofbibliothek, die Winterreitschule und ganz rechts das alte Hofburgtheater zu erkennen.

Auch die Gemälde im großen Zeremoniensaal halten ein hochpolitisches Ereignis im Kleide glanzvoller Feierlichkeiten fest. Der diplomatischen Kunst des Staatskanzlers Fürst Kaunitz war es gelungen, Frankreich auf die Seite Österreichs zu ziehen. Dieser neuen politischen Konstellation Europas entsprach es, daß für den eben 18 Jahre alt gewordenen zukünftigen Kaiser Joseph eine Braut aus dem französischen Königshaus der Bourbonen gesucht wurde. Die Wahl fiel auf die gleichaltrige Prinzessin Isabella von Parma. Das große Fest der Vermählung vom Oktober 1760 ist auf fünf Gemälden dargestellt, die erst nach dem Tode Maria Theresias in diesem Saal aufgehängt wurden.

Das größte Gemälde stellt den Einzug der Braut vor der imaginären Kulisse der Gebäude entlang der Augustinerstraße dar. Ganz rechts, vor der Hofburg, ist eines der beiden Triumphtore zu erkennen, das andere steht auf dem freien Feld, das der Maler Meytens zur Darstellung der Auffahrt von 94 sechsspännigen Wagen benötigte, deren Anzahl im Bild exakt den damaligen Zeitungsberichten entspricht. Die silberblaue Karosse der Braut wird von der kaiserlichen Schweizer Garde in schwarz-gelben Uniformen eskortiert. Neben dem Riesenbild gestattet eine geöffnete Tür den Zutritt in ein Oratorium der Schloßkapelle. Nützen wir die Möglichkeit einen Blick in den Kirchenraum zu werfen. (Seine Beschreibung folgt auf Seite 150.)

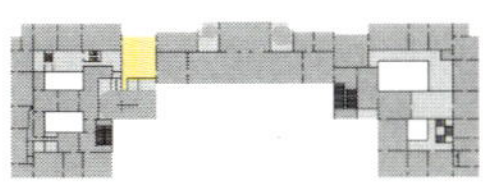

Martin van Meytens (unter Mitwirkung seiner Werkstaat): Hoftafel anläßlich der Hochzeit Josephs (II.) mit Isabella von Parma.

Martin van Meytens (unter Mitwirkung seiner Werkstatt): Die Trauung Josephs (II.) mit Isabella von Parma in der Augunstinerkirche am 6. Oktober 1760.

Weitere Gemälde des Zyklus zeigen die Vermählung in der Augustinerkirche, das Hochzeitsmahl, das Souper und eine Theatervorstellung im großen Redoutensaal der Hofburg. Schon während ihrer Entstehung (1762/63) waren die Gemälde wegen ihrer Größe und der Detailtreue eine Sensation gewesen. Dies trifft für die Darstellung der Bauwerke, der Menschen, ihrer Kleidung, des Tafelgeschirrs usw. sicherlich zu. Haben die Maler in der Werkstatt des Martin van Meytens aber auch etwas Phantasie walten lassen? Dies wäre der Fall, wenn auf dem Theaterbild (neben dem Ausgang) tatsächlich der kleine Mozart dargestellt wäre. Anwesend war das Wunderkind damals sicher nicht, aber sein Name war seit seinem Schönbrunner Auftritt im Oktober 1762 in aller Munde!

In den Bilderzyklus eingefügt ist das bekannteste aller Porträts Maria Theresias. Erst Kaiser Franz Joseph ließ es hier anstelle eines Baldachins anbringen. Die »erste Dame Europas« trägt ein kostbares Kleid aus Brabanter Klöppelspitzen. Auf dem Tisch liegen die Kronen Ungarns und Böhmens, mit denen sie gekrönt wurde, und als Zeichen ihrer höchsten Würde auch die Reichskrone, Insignie ihres Gatten Franz I. Stephan. Als er 1745 zum Kaiser gewählt und gekrönt wurde, sagten die Leute: »Der Mann der Königin von Ungarn wird deutscher Kaiser.«

Die Mächtigkeit der Gemälde sollte nicht von den schönen Stuckdekorationen des Zeremoniensaals ablenken. Es sind Sinnbilder der Siegerehrung – Palmzweige, Feldzeichen, verschiedene Waffen, ein Marschallstab –, die durch Blumengewinde zusammengefaßt sind, die z.T. frei in den Raum hängen. Feierliches und Zeremonielles sind mit leichter Hand verteilt.

Der Zeremoniensaal, ungefähr 13 x 14 m messend, war in erster Linie Vorzimmer der Appartements des Kaisers Franz Stephan. Hier versammelte sich die kaiserliche Familie, um die Oratorien der Schloßkapelle zu betreten, er fand aber auch für große Feste wie Taufen, Namenstage und Geburtstage Verwendung sowie für die großen Hoftafeln, die allen Einzelaudienzen folgten. Für diese Ereignisse wurde »Gala« angesagt, und das bedeutete eine Steigerung des zeremoniellen Aufwandes; die Tischordnung mußte auf die Rangordnung

Martin van Meytens: Kaiserin Maria Theresia, im Alter von ungefähr 35 Jahren. Die Herrscherin hatte zu diesem Zeitpunkt ihr Erbe gesichert und Schönbrunn zum politischen und gesellschaftlichen Mittelpunkt der österreichischen Erbländer gemacht. Die »Erste Dame Europas« trägt ein Kleid aus Brabanter Klöppelspitze, auf dem Tisch liegen die ungarische St. Stephans-Krone, die böhmische St. Wenzels-Krone, mit denen sie tatsächlich gekrönt wurde, und die Reichskrone als Zeichen ihres höchsten Titels, den sie als Gattin Franz I. Stephans führte.

genauestens Rücksicht nehmen, und die Lakaien trugen Galalivreen. Maria Theresia liebte solchen Aufwand in Schönbrunn nicht, denn hier war man »am Land«, und es sollte doch weniger steif zugehen als in der Hofburg. Der Kaiser war überhaupt kein Freund allzu großen Aufwands. Und doch: selbst die Audienz der Mozarts forderte einen »Galatag«! Im allgemeinen wurden Zeremoniell und Etikette während der maria-theresianischen Epoche ständig vereinfacht. So gestattete Kaiser Franz Stephan etwa den Zutritt in Uniform, ja trug selber mitunter Uniform anstatt des spanischen Mantelkleids. Er aß auch nicht mehr allein an einem separat aufgestellten Tisch, wie noch Kaiser Karl VI., sondern mit etwa 12 bis 16 Personen an seiner Tafel. Die zweite Tafel war wesentlich größer, meist gedeckt für 30 bis 60 Personen.

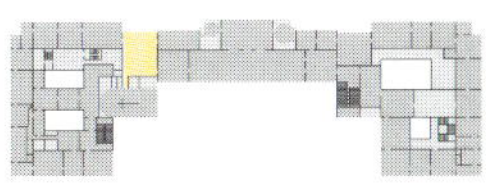

Eine Türe des Zeremoniensaals erlaubt uns, einen Blick in das Rösselzimmer zu werfen. Wir sehen die sogenannte Marschalltafel, die für die obersten Hofchargen und hohe Offiziere täglich gedeckt wurde, wenn der Kaiser in Schönbrunn weilte. Dahinter an den Wänden hängen zahlreiche Pferdebilder von Johann Georg Hamilton, die er um 1720 für Kaiser Karl VI. gemalt hat. Es sind »Porträts« von Leibpferden des Kaisers und als Ensemble einzigartig. Sie umgeben ein großes Gemälde von Philipp Ferdinand Hamilton und Martin Rausch, das eine Parforcejagd in den Marchauen östlich von Wien zeigt, in deren Mittelpunkt Kaiser Joseph I., der Erbauer Schönbrunns, steht. Das Gemälde ist allerdings erst viele Jahre nach dem Tode Josephs I. gemalt worden.

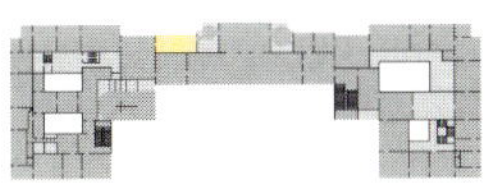

Von der bedeutenden Rolle, die das edle Pferd – aufgrund langer Erfahrungen wurde es in Hofgestüten gezüchtet, sorgfältig erzogen und in Reitschulen zugeritten – als Gefährte des »Helden« spielte, war schon die Rede. Als Kriegsroß war es ebenso unentbehrlich wie als Paradepferd. Reiten entwickelte sich im 18. Jahrhundert zum Vergnügen des Gutsherren, im 19. Jahrhundert zum halsbrecherischen Sport der vornehmen Welt, zur Pflicht des Offiziers. Kaiser Franz Joseph war als Offizier bis ins hohe Alter ein hervorragender und eleganter Reiter. Kaiserin Elisabeth hingegen war die sportliche Reiterin schlechthin. Zweifellos eine der besten ihrer Zeit, beteiligte sie sich doch sogar an schwierigsten Hindernisrennen in England.

Auch die Jagd war seit dem Mittelalter das fürstliche Vergnügen par excellence. Sie war ein von den bäuerlichen Untertanen gehaßtes Vorrecht, weil sie einerseits unter den Wildschäden litten, andererseits das Wildbret als Nahrung dringend vonnöten gehabt hätten. Sie war auch ärgerlicher Frondienst für Jäger und Treiber. Kaiser Franz Joseph war ein leidenschaftlicher Jäger, bei seinem Sohn, dem Kronprinzen Rudolf und seinem Neffen, dem Erzherzog und späteren Thronfolger Franz Ferdinand, aber nahm diese Leidenschaft geradezu krankhafte Züge an.

Nicht nur von den Stunden des Glücks, sondern auch von denen des Unglücks der Kaiserin Maria Theresia erfahren wir in Schönbrunn. Für sie, der die Familie die Basis für alle

Johann Georg Hamilton: Bilder, eigentlich Porträts von Reitpferden aus den kaiserlichen Gestüten. Hamilton war Hoftiermaler Kaiser Karls VI., seine Bilder malte er auf Kupfertafeln, weshalb sie sich durch Glanz und Glätte der Oberfläche auszeichnen. Die Leibpferde des Kaisers trugen Namen, die auf ihre spanisch-neapolitanische Ahnenreihe hinweisen: Brillant, Hermoso, Diamante, Sincero, Valido, Curioso.

politischen und künstlerischen Bestrebungen war, mußte der Tod des geliebten Gatten ein einschneidendes Ereignis bedeuten. »Ich habe den liebenswürdigsten aller Männer verloren«, schrieb sie an ihre Freundin Gräfin Enzenberg, »er war der ganze Trost meines Daseins.« Der kaiserliche Hof hatte sich im August des Jahres 1765 nach Innsbruck begeben, um die Hochzeit des Erzherzogs Peter Leopold mit der spanischen Infantin Maria Ludovika zu feiern. Während des Aufenthaltes starb der Kaiser völlig unerwartet in den Armen seines Sohnes Joseph, zufällig in jenem Zimmer der Innsbrucker Hofburg, in dem er 57 Jahre vorher geboren

worden war. Sein Nachfolger als Reichsoberhaupt, nunmehr Kaiser Joseph II., erbte nicht nur diesen altehrwürdigen, aber nur mit wenig tatsächlicher Macht verbundenen Titel, sondern auch das große Privatvermögen Franz Stephans. In den habsburgischen Erbländern, die damals schon österreichische Monarchie genannt wurden, errang er als Mitregent seiner Mutter nach und nach mehr Einfluß und lernte die Probleme kennen, die er einmal lösen sollte oder wollte. Kaiser Franz I. Stephan war auch Großherzog von Toskana gewesen. Dieses bedeutende Erbe sollte nicht an Österreich fallen, deshalb folgte dort nicht Joseph, sondern der nächstälteste Bruder, Peter Leopold, dem Vater nach. Infolgedessen reiste das junge Ehepaar von Innsbruck sogleich nach Florenz, um die Herrschaft anzutreten.

In Schönbrunn begann Maria Theresia die »Retirada«, also die Privatgemächer des verstorbenen Gatten, umzugestalten. Damals erhielten die Räume des Ostflügels, die an den Zeremoniensaal anschließen, ihr heutiges Aussehen. Für die Umgestaltung zog Maria Theresia nicht nur Architekten, Kunsttischler und sehr bedeutende Maler heran, sondern sie sah sich auch zur Anschaffung kostspieliger Lacktafeln veranlaßt und ließ andere kostbare Materialien, die bereits an anderer Stelle verwendet worden waren, hier anbringen. Die Zimmerflucht des Ostflügels birgt die künstlerisch bedeutsamsten Leistungen der Wiener Innenarchitektur dieser Zeit und die kostbarsten Meisterstücke der Wiener Möbeltischler.

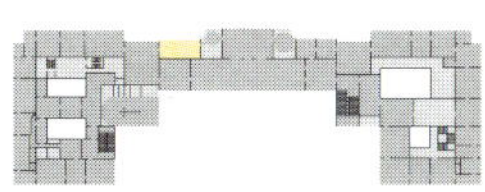

Unmittelbar an den Zeremoniensaal schließt der Blaue oder Chinesische Salon an. Er war das Audienzzimmer (Ratsstube) des Kaisers gewesen. Wie er damals ausgesehen hat, ist unbekannt. Maria Theresia ließ die Nußholzverkleidung der Wände und den Stuck anbringen, der die Leichtigkeit des Rokoko vermissen läßt und bereits starke klassizistische Züge zeigt. Erst am Anfang des 19. Jahrhunderts wurde er mit jenen chinesischen Papiertapeten ausgekleidet, die ihm seinen Namen geben. Auf den einzelnen Papierbahnen sind, vertikal angeordnet, jeweils drei Motive zu sehen: ein ovales und ein rechteckiges blaues Feld mit Szenen aus dem Alltag, darüber ein Blumenkorb; Vögel, Schmetterlinge und Blumen sind auf dem hellen Tapetengrund verstreut. Das Mobiliar ist kostbar: Kästchen aus ostasiatischen Lacktafeln und Tische mit Platten aus Florentiner Steinmosaik. Die Sitzmöbel wurden 1857 mit blauer Seide überzogen.

In diesem Raum hat Kaiser Karl I. am 11. November 1918 auf die Mitwirkung an den Regierungsgeschäften verzichtet, was letzten Endes seiner Abdankung gleichkam.

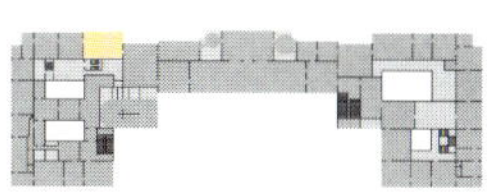

Vieux-Laque-Zimmer

Das Vieux-Laque-Zimmer hat seinen Namen nach ostasiatischen Lacktafeln, die in eine dunkelbraune Nußholzvertäfelung mit Schnitzereien von Johann Georg Leithner eingesetzt sind. An der Decke entspricht dem Namen des Zimmers die schwere Dekoration aus vergoldetem Stuck, in die immer wieder kleine Lacktäfelchen eingefügt sind. Dieser ebenso einheitliche wie prächtige Raum wurde nach einem Entwurf des französischen Architekten Isidor Canevale gestaltet, und zwar kurz nachdem die Tafeln 1770 um 12.869 Gulden gekauft worden waren. Das prachtvolle, überreich dekorierte Mobiliar ist erst unter Kaiser Franz Joseph hereingestellt worden, entspricht jedoch stilistisch dem Interieur. Das Rokoko geht zu Ende, die spielerische Leichtigkeit der chinesischen Kabinette ist einer schweren, dunklen Feierlichkeit gewichen. Der dazu sehr gut passende Fußboden wurde allerdings erst um 1872 verlegt.

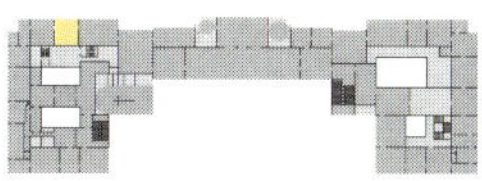

Anton von Maron: Großherzogin Maria Ludovika mit ihren Kindern Maria Theresia, Franz (der später Kaiser wurde) und Ferdinand, der seinem Vater Peter Leopold als Großherzog von Toskana nachfolgte. Auf dem Tisch steht eine Büste Maria Theresias, also der Großmutter der drei Infanten.

In die Wände sind drei Familienbilder eingelassen, die Maria Theresia bei zwei berühmten in Rom wirkenden Malern der Zeit, Pompeo Batoni und Anton von Maron, in Auftrag gegeben hatte. Das lebensvolle Bildnis ihres Mannes Kaiser Franz Stephans, der auf eine Statue der Justitia weist, wurde von Batoni im Jahre 1772 (also posthum) in Rom gemalt. Es wird flankiert vom Doppelbildnis der beiden hochbegabten Söhne, des scharfsinnigen, spottlustigen, aber leicht verletzbaren Josephs und des ausgeglichenen und ausgleichenden Peter Leopolds, und vom Bildnis der Schwiegertochter Maria Ludovika mit ihren drei ältesten Kindern. Unter ihnen ist der erste Enkel Franz, der 1768 in Florenz geboren worden war, zu sehen.

Das eindrucksvolle Doppelbildnis Kaiser Josephs II. und seines Bruders hat Batoni 1769 in Rom gemalt. Der junge Kaiser weilte damals in der Ewigen Stadt, um auf die Papstwahl Einfluß zu nehmen. Sein Bildnis vergegenwärtigt uns seinen klaren Geist, aber auch seine Ungeduld und seinen Starrsinn, dessentwegen seine großangelegten Reformen oftmals nur erzwungen angenommen wurden oder sogar scheiterten. Großherzog »Pietro Leopoldo« von Toskana hingegen war ein hervorragender Regent, wegen seiner weisen Reformen und klugen Politik gerühmt und bewundert. In der Familie spielte er

Pompeo Batoni: Kaiser Franz I. Stephan in ganzer Figur, mit dem rechten Arm auf eine allegorische Darstellung der Gerechtigkeit (»Justitia« mit Schwert und Waage) hinweisend. Batoni schuf das Portrait erst mehrere Jahre nach dem Tode des Kaisers und vollendete es 1772 in Rom.

die Rolle des unerbittlichen Kritikers des Wiener Hofes, wobei er das angespannte Verhältnis zwischen Maria Theresia und Joseph objektiv einschätzte. Als er seinem kinderlosen Bruder als Kaiser und Herr der habsburgischen Länder nachfolgte, hatte er die schwierige Aufgabe, viele von dessen harten und übereilten Reformen zu mildern oder zurückzunehmen. Maria Theresia war von dem Bildnis ihrer beiden hochbegabten Söhne so begeistert, daß sie den Meister um eine eigenhändige Wiederholung bat. Diese hängt heute im Kunsthistorischen Museum.

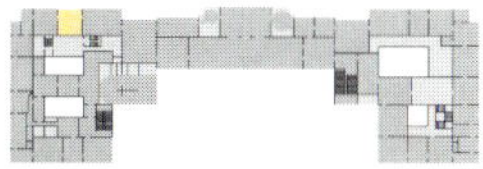

Der folgende Raum wird Napoleonzimmer genannt. Napoleon hat Wien zweimal erobert. Im Jahre 1805, verbündet mit Bayern und Württemberg auf seinem Feldzug gegen Österreich und Rußland, den er mit dem Sieg in der »Dreikaiserschlacht« von Austerlitz und dem Frieden von Preßburg beendete, und im Jahre 1809, als Österreich allein gegen Frankreich kämpfte. Der erfolgreiche Freiheitskampf der Tiroler und der sensationelle Sieg Erzherzog Karls über Napoleon bei Aspern waren jedoch nicht kriegsentscheidend. Napoleon hatte Wien schon im Mai eingenommen und residierte nun in Schönbrunn. Der österreichische Hof war nach Ungarn geflüchtet. Im Herbst 1809 wurde der Friede von Schönbrunn geschlossen, im folgenden März sollte die Ehe Napoleons mit Erzherzogin Marie Louise, der Tochter des Kaisers Franz, die echte Befriedung besiegeln.

Szenen aus dem Soldatenleben. Die Tapisserien wurden zwar erst im 18. Jahrhundert in Brüssel gewebt, ihre Entwürfe stehen aber in der Tradition niederländischer Darstellungen aus der Zeit des Dreißigjährigen Krieges.

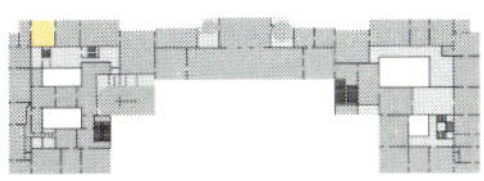

Vermutlich war das Napoleonzimmer das Schlafzimmer des großen Korsen bei beiden Aufenthalten, einem kurzen 1805 und einem fast halbjährigen 1809. Authentische Nachrichten fehlen darüber. Immerhin hat Napoleons Sohn, in Wien als Herzog von Reichstadt lebend, diesen Raum zum Wohnzimmer gewählt und ist hier 1832 gestorben.

Im Oktober 1809, während einer Parade im Ehrenhof Schönbrunns, verübte der Naumburger Pastorensohn Friedrich Staps einen Anschlag auf Napoleon. Er schlug fehl und der Attentäter bezahlte seine patriotische Tat mit dem Leben.

Das sogenannte Napoleonzimmer war in den ersten Ehejahren Maria Theresias ihre »Schlafkammer« gewesen und auch das Geburtszimmer einiger ihrer Kinder. Seit 1873 ist

Anton von Maron: Bildnis Kaiser Franz I. Stephan, des Gemahls Maria Theresias, als Großmeister des Militär-Maria Theresien Ordens.

dieser Raum mit Brüsseler Tapisserien nach Entwürfen von Hyacinthe de la Peigne (»Szenen aus dem Soldatenleben«) ausgestattet und mit einem Porträt Kaiser Franz I. Stephans von Maron geschmückt, das ein Gegenstück zu den Bildern im Vieux-Laque-Zimmer darstellt. Der Kaiser trägt den Orden vom Goldenen Vlies und das rot-weiß-rote Band zum Großkreuz des Militär-Maria-Thersien-Ordens.

Der Fußboden des Napoleonzimmers wurde, wie auch in einigen anderen Räumen dieses Traktes, nach den Zerstörungen im Zweiten Weltkrieg im Jahre 1947 erneuert.

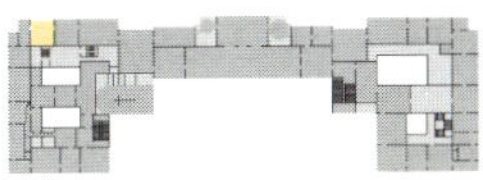

Porzellanzimmer

Das Porzellanzimmer hat seinen Namen vom blau-weiß bemalten, holzgeschnitzten Rahmenwerk an den weiß lackierten Holzwänden, das Porzellan imitiert. Ein besonders reizvolles Dekorationsdetail stellen die gekreuzten Schirme dar, die mit Maschen verknüpft sind. In dieser Wandvertäfelung sind 213 Bilder streng vertikal und symmetrisch eingefügt; blaue Tuschzeichnungen, Kopien nach französischen Vorlagen, die Kaiser Franz Stephan und zwei seiner Töchter 1763 gemalt haben. Die gesamte originelle Ausstattung, die das Ende des Rokoko und das Aufkommen des Klassizismus erkennen läßt, hat Isabella von Parma, die Gemahlin des Kronprinzen Joseph entworfen. In vier Medaillons sind drei der »kaiserlichen Künstler« und im vierten Herzog Albert zu Sachsen, der Gemahl der Erzherzogin Maria Christine porträtiert. Die Dekoration der Decke besteht aus blauschattiertem Stuck.

Die künstlerische Gestaltung dieses kleinen Raumes ist das bemerkenswerteste Beispiel für die persönliche Anteilnahme der kaiserlichen Familie an der Inneneinrichtung Schönbrunns. In diesem Fall diente sie nicht dazu, wie in hundert anderen europäischen Schlössern, lediglich altbekannte Herrschertugenden allegorisch darzustellen und die Geschichte der Dynastie zu glorifizieren oder auch nur mit Macht und Reichtum zu protzen, sondern sie führt ein Familienideal vor Augen, das sich die »allgemeine und erste Mutter« des Reiches nun einmal in den Kopf gesetzt hatte.

Der Luster wurde in der Wiener Porzellanmanufaktur hergestellt, die Porzellanuhr in Meißen.

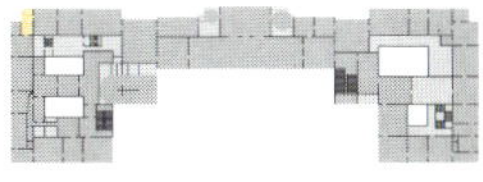

Der berühmteste Raum des Schlosses ist wohl das Millionenzimmer an der Westfront. Die blendende Pracht der Edelholzvertäfelung und der kostbaren indo-persisch Miniaturen hat ihm diesen Namen verliehen. Nach dem Tode ihres Gatten hat Maria Theresia diese Holzvertäfelung aus dem Oberen Belvedere hierher übertragen lassen, denn seit 1767 lesen wir von einem »Vicatin-Cabinet«, das als Konferenzzimmer verwendet wurde. Der Name leitet sich von der altertümlichen Bezeichnung eines tropischen Rosenholzes ab. Es ist von einem goldflimmernden Netz in Felder unterteilt, in dem meist drei Rocaille-Rahmen übereinander angeordnet sind. Die Schönheit dieser äußerst exakt gearbeiteten Ornamente erschließt sich nur bei konzentrierter Aufmerksamkeit. Die Türen, der Kamin und die einander gegenüberstehenden Spiegel sind in dieses goldene Linienspiel virtuos eingebunden. Unter einem der Spiegel ist nicht, wie sonst üblich, ein Kamin oder Tisch aufgestellt, sondern die Attrappe einer französischen Kommode.

Die Porträtbüste aus Porzellan stellt Marie Antoinette dar. Sie ist ein Werk von J. R. Lemoyne, das in mehreren Fassungen existiert, wovon sich eine im Kunsthistorischen Museum in Wien, eine weitere in Paris befindet.

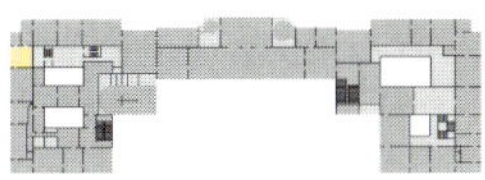

Szenen aus dem Leben der Herrscher des Mogulreiches. Schlachtszene mit Kriegselefanten, darunter ein vornehmer Reiter mit Gefolge. Miniaturen mit Deckfarbenmalerei und Goldauflage auf Pergament.

Die Miniaturen, es sind insgesamt 81 Blätter, zeigen in zartem Kolorit Szenen aus dem Leben der Herrscher und Großen des Indischen Mogulreiches im 16. und 17. Jahrhundert. Schon Rembrandt hat diese Blätter gekannt, man hat sie oft recht willkürlich zerschnitten und ohne thematischen Zusammenhang in die Rahmen eingesetzt.

Über dem Gesims wird die Dekoration in Holzimitationen fortgeführt. Das Gitterwerk ist gemalt, es ist von schwungvollen Wandmalereien umrahmt, die auf die Miniaturen abgestimmt sind.

Die Holzverkleidung des Millionenzimmers wurde während des Zweiten Weltkriegs abgetragen, im Salzberg gelagert und nach der Wiederherstellung »normaler« Verhältnisse gleich einem Puzzle wieder eingebaut.

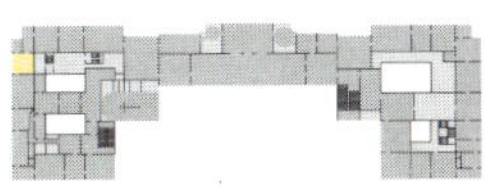

Vom Millionenzimmer werfen wir einen Blick in das Miniaturenkabinett. In diesem Eckraum, in dem ein kleiner Tisch gedeckt ist, sehen wir durch einen Spiegel die uns abgewandte Seite des Zimmers: die Wand ist mit 57 kleinen gerahmten Aquarellen geschmückt, alles Kopien niederländischer oder italienischer Bilder, wieder von der Hand des Kaisers Franz Stephan sowie seiner Töchter Maria Anna, Maria Christine und Maria Antonia.

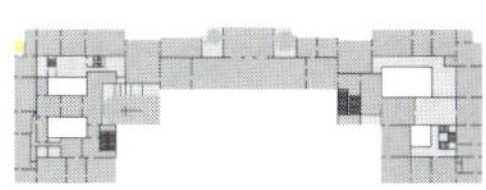

Gobelinsalon

An der Ostfassade fortschreitend, betreten wir den Gobelinsalon. Wandteppiche fehlen in keinem europäischen Fürstenschloß des Barock. Schon die Renaissancefürsten schätzten den gewebten Teppich als variablen Wandbehang. Die wichtigsten Manufakturen des 16. und 17. Jahrhunderts waren die niederländischen. In der 2. Hälfte des 17. Jahrhunderts wurde jedoch die in Paris gegründete Gobelin-Manufaktur so bedeutend, daß seither oft alle Wandteppiche fälschlich »Gobelins« genannt werden, so auch jene, die im großen Saal an der Ostseite Schönbrunns seit 1873 aufgespannt sind. Tatsächlich handelt es sich dabei, ebenso wie im Napoleonzimmer, um Brüsseler Tapisserien des 18. Jahrhunderts. Sie zeigen Szenen aus dem Leben der Bauern, Fischer und Schiffer. Die Polsterungen der sechs Fauteuils sind mit kleinen Tapisserien bezogen, die in einem Bilderbogen fröhlicher Genreszenen die zwölf Monate darstellen. Die Entwürfe für diese reizvollen Szenen wurden nach Gemälden des niederländischen Malers David Teniers d. J. angefertigt, der um 1640 habsburgischer Hofmaler in Brüssel gewesen war.

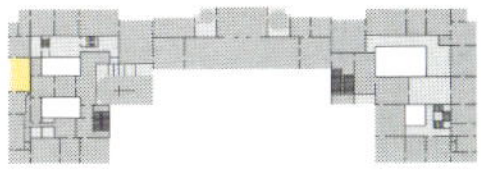

Mit dem Gobelinsalon beginnt das Appartement des Erzherzogs Franz Karl und der Erzherzogin Sophie, der Eltern Kaiser Franz Josephs. Er diente ihnen als Salon (Gesellschaftszimmer). Nach dem Tode seiner Mutter (1872) ließ der Kaiser die gutbürgerliche Wohnung seiner Eltern neu einrichten und u.a. auch die Tapisserien aufspannen.

Wann der große prachtvolle Paravent aus acht japanischen Lacktafeln hier seine Aufstellung fand, ist unbekannt. Es könnte durchaus 1873 geschehen sein, denn gerade um diese Zeit begann eine neue Welle der Begeisterung für Ostasien Europa zu bewegen. Maler wie Toulouse-Lautrec oder van Gogh standen in ihrem Bann.

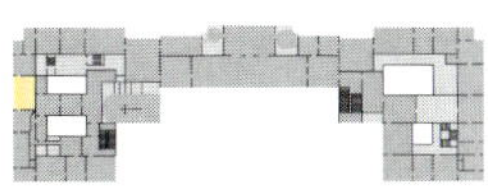

Auch das anschließende Frühstückszimmer der Erzherzogin Sophie hieß nach seiner Verwendung durch die Eltern bzw. die Mutter Franz Josephs. Wie der folgende Rote Salon war es zeitweise auch Bibliotheksraum. Heute ist es als Gedenkzimmer für den Herzog von Reichstadt eingerichtet, hier steht sein Kinderbildnis als kleiner Gärtner und seine Darstellung auf dem Totenbett. Nach der Niederlage und der Abdankung seines Vaters Napoleon wurde der kleine zweijährige Napoleon Franz, der den Titel »Roi de Rome« führte, nominell Napoleon II., ging aber sogleich mit seiner Mutter Marie Louise ins Exil nach Wien.

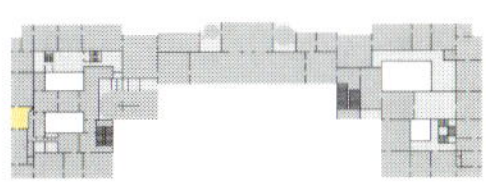

Zwischen den Fenstern des Gedenkraums befindet sich, fest in die Wand eingelassen, ein ganzfiguriges Bildnis Kaiser Franz I. Stephans in der Uniform seines Regiments, das er schon als lothringischer Erbprinz geführt und dann in kaiserliche Dienste übernommen hatte. Nach ihm befehligte es immer der jeweilige Kaiser, und es existierte als 1. Infanterieregiment »Kaiser« bis 1918.

Hier wuchs er am Hofe seines österreichischen Großvaters auf, während seine Mutter als Großherzogin von Parma ihr eigenes Leben führte. Der Knabe führte zuerst den Titel »Prince de Parme«, seit 1818 aber den eines Herzogs von Reichstadt (in Nordböhmen), gerufen wurde er schlicht »Fränzchen«. Zahlreiche Gegenstände, die seine Mutter mit nach Wien brachte, erinnern an ihn: seine prunkvolle Wiege in der Schatzkammer, sein zierlicher Kinderwagen in der Wagenburg, Porträt und Waffen im Heeresgeschichtlichen Museum. Die Erziehung des Prinzen folgte der habsburgischen Tradition, daher wurde er zu Gartenarbeit und Studium der Botanik angehalten. Das Gemälde des Malers Carl von Sales weist darauf hin. Fränzchens geliebter Freund war eine Haubenlerche, deren Stopfpräparat in einem Glaskäfig gezeigt wird. Es stammt aus dem Nachlaß des Grafen Johann Foresti, eines gebildeten Herren aus Trient, der die Erziehung des vierjährigen Knaben übernommen hatte und ihn taktvoll bis zum 19. Lebensjahr begleitete.

Am 22. Mai 1832 ist der junge Prinz in Schönbrunn in jenem Bett gestorben, in dem sein Vater angeblich geschlafen hatte. Der frühe Tod ersparte ihm das aufregende Leben eines französischen Thronprätendenten.

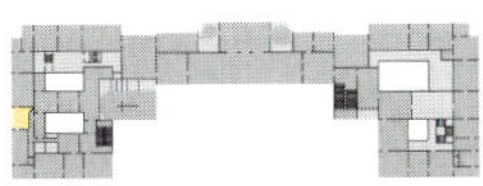

Im Roten Salon standen einst Bibliotheksschränke und Tische, heute hängen hier einige Porträts. Gleich rechts zeigt uns ein Werk aus der Schule Meytens Joseph II. im »spanischen Mantelkleid«, der traditionellen, allein zugelassenen Hofkleidung, die er selber später abschaffte. Neben ihm liegt die Reichskrone, das Szepter hält er in der Linken, er ist also schon Römischer König (1764) oder gar Kaiser (1765). Das Ordensband ist jenes des St. Stephans-Ordens.

Kaiser Leopold II., der seinem Bruder Joseph II. für eine kurze Regierungszeit (1790-1792) nachfolgte, nachdem er 25 Jahre lang vorbildlich das Großherzogtum Toskana regiert hatte, ist im Ornat des Ordens vom Goldenen Vlies dargestellt. Mit der rechten Hand weist er auf die Reichsinsignien.

Anton Einsle: Kaiser Franz Joseph als Feldmarschall in deutscher Adjustierung, geschmückt mit dem Orden vom Goldenen Vlies, den Sternen der vier österreichischen Hausorden und dem kleinen weiß emaillierten Kreuz des russischen St. Georgs-Orden.

Der blutjunge Kaiser Franz Joseph hingegen wurde 1850 von Anton Einsle in der Uniform eines österreichischen Feldmarschalls porträtiert und erst etwa 30 Jahre später – diesmal von Engelmann – ebenfalls im Vliesornat.

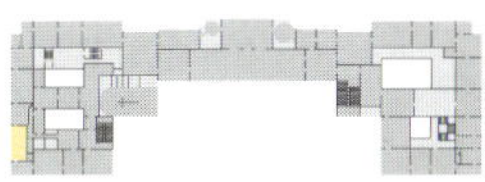

Das östliche Terrassenkabinett liegt wie sein Gegenstück an der Westfront über den Arkaden, die den Ehrenhof begrenzen. Die als Fresko auf die Wand gemalten Blumengebinde schuf der sonst kaum bekannte Maler Johann Zagelmann um 1770.

An der Decke des Raumes öffnet sich die gemalte Scheinarchitektur gegen den blauen Himmel. Ein paar Putten bewerfen sich spielend mit Blumen.

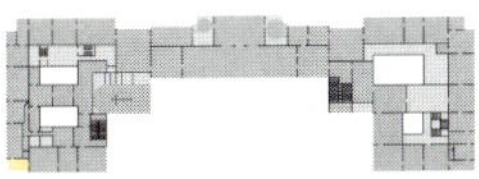

Das Schlafzimmer des Franz Karl-Appartements, dessen Fenster sich zum Ehrenhof öffnen, ist das Geburtszimmer Kaiser Franz Josephs. »Kaisers Geburtstag«, der 18. August, war sieben Jahrzehnte lang ein volkstümlicher Festtag im ganzen großen Reich. Franz Joseph feierte ihn meist in Bad Ischl, seinem geliebten Sommer- und Jagdaufenthaltsort. Als Erzherzog Franz Joseph 1830 in Schönbrunn geboren wurde, lag das Schloß noch in dem Dorf Hietzing, weit außerhalb der Stadt, an den unverbauten Ufern des Wienflusses. Das Geburtszimmer Franz Josephs wurde für die Maria Theresien-Ausstellung im Jahre 1980 wiederum als Schlafzimmer eingerichtet, was es schon im 18. Jahrhundert gewesen war. Das große Paradebett, wahrscheinlich 1736 nach einem Entwurf von Claude Lefort Duplessy angefertigt, gehörte mit der gleichartig ausgeführten Wandbespannung zur Einrichtung des Schlafzimmers der Kaiserin Maria Theresia in der Hofburg. Es diente, wie der Name sagt, nicht zur Nachtruhe, sondern dem Zeremoniell. Nach der Morgentoilette schlüpfte die Kaiserin ins Paradebett, um eine Audienz zu geben oder um sich als stolze Mutter mit ihrem Neugeborenen bewundern zu lassen.

Zwei Gemälde von Martin van Meytens stellen die beiden ältesten Söhne Maria Theresias dar. Links der ernste, verschlossene Joseph, der spätere Kaiser, rechts der liebenswürdige Karl Joseph, der im Jahre 1761 im Alter von 16 Jahren an den Blattern starb, von den Eltern und dem ganzen Hof tief betrauert.

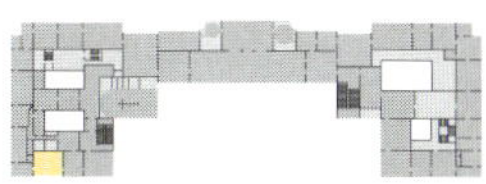

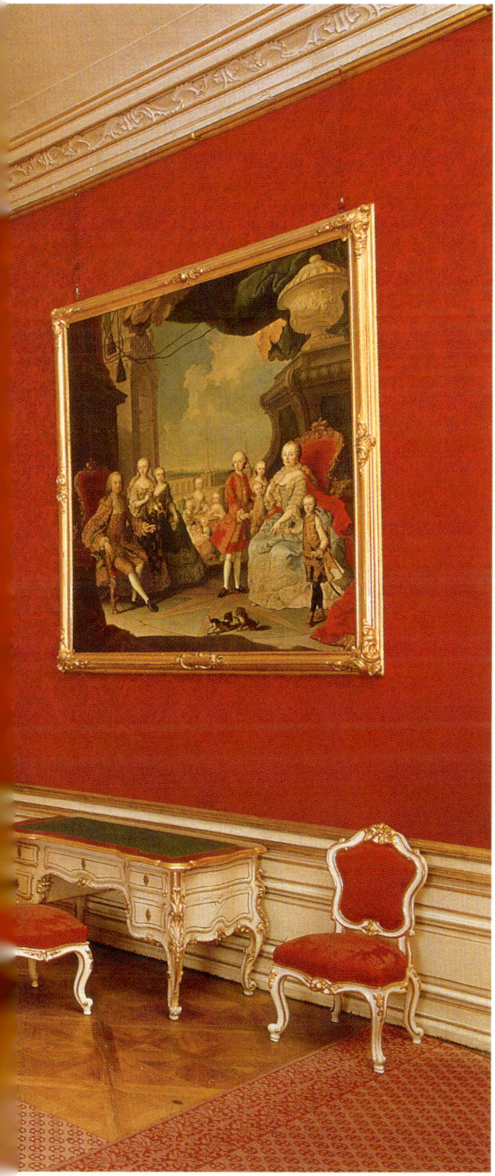

Im anschließenden Arbeits- oder Schreibzimmer des Erzherzogs Franz Karl interessieren uns zahlreiche Gemälde. Zunächst einige kleinere Bildchen an der Fensterwand, die fast alle von der Hand der Erzherzogin Maria Christine stammen. Für die Bildnisse ihrer Eltern, ihrer Großmutter Kaiserin Elisabeth Christine (der Mutter Maria Theresias) und ihrer Geschwister wählte sie große Porträts als Vorlage, von denen wir einige in Schönbrunn schon gesehen haben. Besonders populär sind jedoch zwei Familienszenen geworden, die Nikolobescherung in der kaiserlichen Familie und die Darstellung Josephs II. am Wochenbett seiner Gemahlin Isabella (1762).

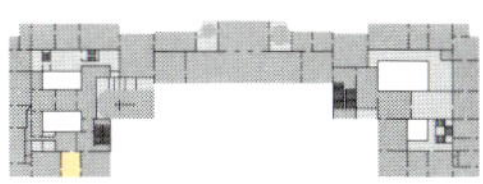

Nikolobescherung in der kaiserlichen Familie. Erzherzogin Maria Christine hat dieses Bildchen nach einem zeitgenössischen Vorbild, einem Stich von Jacobus Houbraken nach C. Troost, gemalt. Auch die Darstellung Kaiser Josephs II. am Wochenbett seiner geliebten ersten Frau Isabella schuf die Erzherzogin nach einer Arbeit von C. Troost.

Erzherzogin Maria Christine: Selbstbildnis am Spinnrad.

Im 18. Jahrhundert war es in Wien nur zu Nikolo üblich, die Kinder zu beschenken (oder zu strafen, indem sie leer ausgingen). Zu Weihnachten gab es weder einen Christbaum noch Geschenke, es war ein rein religiöses, ein kirchliches Fest.

Das ganz und gar unhöfische Bildchen vom Nikoloabend malte Maria Christine nach einem holländischen Stich. Mobiliar und Kleidung sind daher nicht »wörtlich«, sondern eher scherzhaft zu nehmen. Der behäbige Vater und die resolute Mutter stellen in der Tat nicht dar, was man sich unter römisch-kaiserlichen Majestäten vorstellt, die in der Öffentlichkeit von einem Zeremoniell beherrscht waren, das ihnen keinen freien Schritt, kein ungezwungenes Wort gestatten wollte. Ganz links hat sich die Malerin selbst dargestellt wie sie ihrem Bruder Ferdinand mit der Rute droht. Maria Antonia zeigt beglückt ihre neue Puppe, während der Jüngste, Maximilian Franz, sich unter dem Tisch am Lebkuchen delektiert.

Die Malerin all dieser Bilder und manch anderer in Schönbrunn, hat auch ihr Selbstbildnis geschaffen. Sie zeigt sich uns am Spinnrad sitzend, und zwar im Miniaturenkabinett des Schlosses inmitten ihrer eigenen Werke!

Martin van Meytens: Kaiser Franz I. und Maria Theresia im Kreise ihrer Familie, um 1754/55.

Das malerische und historische Hauptwerk dieses Raumes ist das wohlbekannte Familienbildnis von Meytens. Kaiser Franz I. Stephan und Maria Theresia sind von ihrer Kinderschar umgeben. Der Maler wählte als Ort eine (nicht existierende) Schloßterrasse in Schönbrunn, von der sich der Blick – wie von einer Bühne in die Kulissen – auf den Ehrenhof öffnet. Das Bild muß um 1754/55 entstanden sein, als elf Kinder am Leben waren, kurz nachdem im Juni 1754 Ferdinand Karl geboren worden war, der umgeben von vier Schwestern im Bettchen liegt. Joseph, der etwa dreizehnjährige Kronprinz, gekleidet in ein rotgoldenes Hofkleid, steht auf dem Stern des Marmorbodens im Zentrum, der Mutter zugewandt. Neben ihr, die ein blaues Atlaskleid trägt, stehen auch die beiden mittleren Söhne Karl Joseph, in der Uniform seines ungarischen Regiments, und, weiter hinten, Peter Leopold. Beim Vater, im spanischen Mantelkleid aus Goldbrokat, stehen die ältesten Töchter, die sechzehnjährige Maria Anna und die zwölfjährige Maria Christine. Die drittälteste Tochter Maria Elisabeth blickt zwischen Joseph und der Kaiserin heraus. – Maria Antonia und Maximilian Franz waren noch nicht geboren, drei Kinder waren schon gestorben.

Schließlich sei noch auf die Bildnisse von zwei Damen hingewiesen, die im Leben Maria Theresias eine große Rolle gespielt haben. Rechts neben der Türe sehen wir ein Porträt der Mutter Maria Theresias. Elisabeth Christine ist als Witwe Kaiser Karls VI. dargestellt. Die in Wolfenbüttel geborene Prinzessin heiratete Karl, als er König von Spanien war. Die Hochzeit fand deshalb 1708 in Barcelona statt. Dort agierte sie auch als politisch begabte Statthalterin und »Generalkapitän«, als Karl nach dem plötzlichen Tod seines älteren Bruders Joseph I. nach Wien zurückeilen mußte. Elisabeth Christine und Karl führten eine glückliche Ehe. Nach vielen Jahren erst brachte sie in Wien vier Kinder zur Welt, von denen zwei Töchter erwachsen wurden. Das lange erfolglose Warten auf einen Thronerben verdunkelte ihr Dasein. Sie überlebte Kaiser Karl VI. um zehn Jahre: aus der fröhlichen und schönen »weißen Lisel« war eine korpulente Frau geworden, die unter Depressionen litt. Links von der Tür zeigt ein Bild Maria Caroline Gräfin Fuchs. Sie war die Aja, die Erzieherin und vertraute Herzensfreundin der jungen Erzherzogin. In dieser Zeit, um 1730, entstand das Porträt, das sie als Witwe zeigt. Nach Maria Theresias Vermählung war sie deren Obersthofmeisterin und Vertraute beider Ehegatten. Der Kaiser pflegte mit ihr und seiner Schwester Charlotte von Lothringen die abendliche Unterhaltung, wenn die Kaiserin frühzeitig schlafen ging, um frühmorgens die Regierungsgeschäfte zu beginnen. (Ihre Hofchargen mußten gewöhnlich schon um 7 Uhr ihren Dienst antreten!)

Zum Zeichen der Verbundenheit und Dankbarkeit verfügte die Kaiserin 1754, nach dem Tode der Gräfin, daß sie als einzige, die nicht zum Hause Habsburg zählte, in der Kapuzinergruft beigesetzt werde.

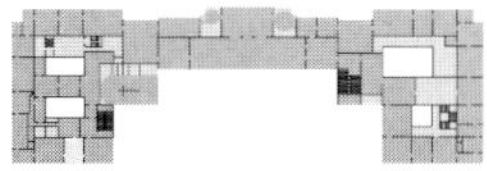

In den großen Ecksalon können wir nur einen Blick auf drei große Porträts, Meisterwerke des Hofmalers Martin van Meytens, werfen.

Zur Linken ist Erzherzogin Maria Anna in einem rosafarbenen Kleid mit dem modischen Reifrock dargestellt, ihr gegenüber die erste Gemahlin Josephs II., die schöne Prinzessin Isabella von Parma in einem blauen Kleid. Die Schwägerinnen waren damals 25 bzw. 22 Jahre alt.

Am Wandpfeiler zwischen den Fenstern gegen die Freitreppe hin hängt ein Doppelbildnis der etwa achtjährigen Maria Christine und ihres um fünf Jahre jüngeren Bruders Peter Leopold. Das Schoßhündchen des Mädchens ist ein Exemplar des Modehundes der Epoche, ein sogenannter Papillon. Die Krone im Hintergrund ist ein österreichischer Erzherzogshut.

Das schöne Gemälde ist eines der vielen Doppel- und Gruppenbildnisse von Kindern Maria Theresias, die wir in Schönbrunn bewundern können. Die Kinder sind ganz in der Art von Erwachsenen gekleidet. Die Mädchen in Taillenmiedern, Dekolleté und Schmuck, die Buben mit gepuderten Perücken und Degen. Ihr Alter ist kaum zu erkennen. Diese »Verkleidungen« entsprachen allerdings der Realität des Hofzeremoniells!

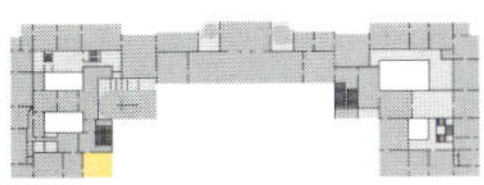

Die der heiligen Maria Magdalena geweihte Schloßkapelle im Erdgeschoß ist ein weitgehend unveränderter Raum des ersten Schloßbaus Fischers von Erlach. Jedenfalls war sie 1728 nicht nur baulich vollendet, sondern auch – wahrscheinlich nach Entwürfen von Andrea Pozzo – vollständig ausgestattet. Nach 1740 hat Maria Theresia das Portal verlegen und die vom Zeremoniensaal zugänglichen Oratorien und Emporen verändern und vermehren lassen. Bis zum Jahre 1744 wurde auch die Innenausstattung erneuert. Die Kaiserin ließ an der Decke Gemälde von Daniel Gran anbringen und das Altarbild Joh. Michael Rothmayrs (Vision der hl. Maria Magdalena, jetzt in der Augustinerkirche) durch ein Gemälde Paul Trogers (Vermählung Marias) ersetzen. Dazu entwarf Georg Raphael Donner den Marmoraltar und schuf das Relief für den Tabernakel, sein Schüler Franz Kohl sorgte für einen neuen Altaraufbau und die Rahmung des Bildes. Werke Kohls sind auch die vergoldeten Bleistatuen, die Johannes den Täufer und eine Mater dolorosa darstellen.

Wenige Tage nachdem Maria Theresia mit ihrer noch kleinen Familie und dem großen Hofstaat am 20. April 1745 das erstemal zum Sommeraufenthalt nach Schönbrunn übersiedelte, weihte der Erzbischof von Wien Graf Sigismund Kollonitsch die Schloßkapelle neu. Die Feierlichkeiten dauerten vier Stunden (von 8 bis 12 Uhr), dann begab man sich zur Tafel. Am Weg zur und von der Kapelle mußte noch manche Baustelle auf Brettern überquert werden, weshalb es recht ungezwungen und ohne die üblichen Rangstreitigkeiten zuging.

Ein überaus bedeutendes Kunstwerk, ein hölzernes Kruzifix, das der große schwäbische Bildhauer Leonhard Kern um 1625 geschaffen hatte, kam unter Kaiser Franz I. von Österreich in die Schloßkapelle, befindet sich aber seit 1986 in der Geistlichen Schatzkammer der Hofburg. 1984 wurde das alte Orgelgehäuse für eine neue große Orgel erweitert. Im Zuge dieser Arbeiten versetzte man die Emporen wieder in jenen Zustand, den sie zur Zeit Maria Theresias hatten.

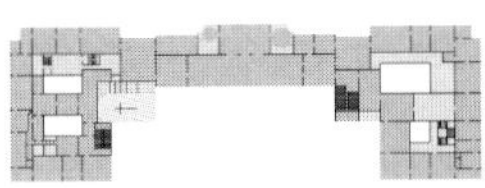

Es ist eine eigenartig exotische Welt, die uns hier umfängt. Wände und Decken sind von einer Landschaftsmalerei bedeckt, die die Illusion einer weiten, von fremdartigen Vögeln und Tieren belebten Welt vermittelt. Diese Natur ist nicht unberührt, sondern nach menschlichen Vorstellungen geordnet.

Im Park ist die Natur nach architektonischen Gesichtspunkten geformt, im Botanischen Garten nach naturwissenschaftlichen und pädagogischen Zielen geordnet, und in den Bergl-Zimmern ist sie durch Balustraden, Laubengänge und Rokokovasen in eine gemalte Gartenarchitektur eingegliedert. An diesen vorbei blicken wir in Gärten prächtiger Villen oder Tempel.

Die Darstellungen der Pflanzen und Früchte durch Johann Wenzel Bergl beruhen auf Naturstudien, die er ohne Schwierigkeit in den Glashäusern des Schlosses gemacht haben könnte. Auch bei Botanikern aus dem Kreis um Kaiser Franz Stephan mag er sich Rat geholt haben, als er die Welt der Tropen in die kühlen Räume des Erdgeschoßes hereinholte. Maria Theresia hat sie im Alter als »Sommerzimmer« benützt, wenn es ihr in der Nobeletage zu schwül wurde.

Die angedeutete Beziehung zwischen Künstlern und Wissenschaftlern, zwischen Malerei und Botanik ist besonders durch Kaiser Franz Stephan bewirkt und gefördert worden.

Wie viele andere Fürsten, die von der von Frankreich ausgehenden philosophisch-pädagogischen Bewegung beeinflußt waren, widmete er sich wissenschaftlichen Sammlungen, die die lebendige Natur einbezogen: Botanischer Garten, Feigen- und Orangenhäuser, Apothekergarten und Tiergarten (Menagerie). In Schönbrunn konnte der Kaiser alles verwirklichen. Er berief Wissenschaftler und Gärtner, meist aus Holland, wo die Blumenzucht Weltruhm errungen hatte. Auch das System der Pflanzen von Linné trat von Holland aus seinen Siegeszug an: Die Pflanzenkulturen in Schönbrunn wurden »Holländischer Garten« genannt. Der bedeutendste der Gelehrten in Wien war Nicolaus Joseph von Jacquin. Er unternahm im Auftrag des Kaisers 1755-1759 eine Expedition nach Westindien und Südamerika und brachte reiche Sammlungen an Pflanzen und Tierpräparaten mit. Die bunten Illustrationen seiner wissenschaftlichen Expeditionsberichte könnten Vorlagen für Johann Bergl gewesen sein, als er und sein Schüler Martin Steinrücker in den Jahren 1769-1777 acht Zimmer im östlichen und drei Zimmer im westlichen Erdgeschoß-trakt mit dieser illusionistischen Wandmalerei geschmückt haben.

Die geschnitzten Holzluster mit Blumen und Früchten, und der äußerst originelle, vergoldete Ofen in Form eines Baumstammes sind gleichzeitig mit Bergls Werken entstanden.

Die nächste Generation hat die Malerei mit grauen Leinwänden überdeckt. Erst im Jahre 1891 entfernte man diese »Spalierung« wieder, und 1965 begann man die Wandmalerei zu restaurieren und die Räume trocken zu legen. Vier Räume im Osttrakt sind heute zu besichtigen.

Da die östlichen und südöstlichen Bergl-Zimmer vom Kronprinzen Rudolf und die südlichen – jene, die heute geöffnet sind – von der Obersthofmeisterin der Kaiserin Elisabeth, Gräfin Marie Goëss, bewohnt wurden, werden sie auch nach diesen Personen Kronprinzen- bzw. Goëss-Appartements genannt.

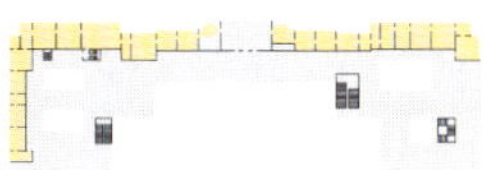

»Spektakel müssen sein, ohne dies kann man nicht hier in einer solchen Residenz bleiben.« Dieser Ausspruch Maria Theresias drückt ihre ganze Begeisterung für das Theater aus. Sie liebte Musik und Tanz, sie sang schön und gerne, auch vor ausländischen Gästen, und sie stand damit in der Tradition ihrer Familie und ihrer Stadt. Wien war schon im 17. Jahrhundert ein Zentrum des Musiktheaters gewesen. Die habsburgischen Herrscher der deutschen Linie waren angesehene Komponisten, etwa die Kaiser Ferdinand III., Leopold I. und Joseph I., sie unterhielten Orchester und Opernensembles und engagierten berühmte Künstler an den Wiener Hof. Dichter, Komponisten, Theaterarchitekten und sogar Sänger waren fast ausschließlich Italiener, Wien war geradezu die musikalische Hauptstadt Italiens! Italienisch war die Sprache des Kaiserhofes und die zweite Umgangssprache der Stadt.

Kaiser Karl VI. hatte die große musikalische Begabung seines Vaters Leopold I. geerbt, studierte selbst Opern ein und dirigierte sie, wenn er nicht unter den Musikern im Orchester saß. Sein Lehrer war Johann Joseph Fux, er berief Antonio Caldera nach Wien, bemühte sich um die Berufung Vivaldis und Goldonis und beschäftigte zwei weitere Italiener als Hofpoeten: Zuerst den Venezianer Apostolo Zeno (1668-1750) und seit 1729 auch den Römer Pietro Antonio Metastasio (1698-1782), der bis zu dieser Zeit in Neapel tätig gewesen war, das damals von Karl VI. bzw. Österreich regiert wurde.

Obwohl sich Metastasio zunächst nicht an die »Förmlichkeiten des Hoflebens« und an die »lärmende Pracht« gewöhnen konnte, die am Hofe »der höchsten Persönlichkeiten der Erde« herrschten, blieb er bis an sein Lebensende in Wien. Metastasio vertrat eine glückliche, dem Schönen und der Tugend zugewandte Lebensauffassung, die Maria Theresias aufgeklärter Regierungsweise entsprach. Damit war er der Gegenpol zum frivolen und liberalen französischen Theater. Er schrieb sangbare Gedichte, »Canzonen« also, Texte für zahlreiche Opern und Operetten, wie man damals noch kleine Singstücke nannte, und Ballette. Seine Libretti wurden von den Komponisten seiner Zeit als besonders poetisch und musikalisch beurteilt. Metastasios Operntexte setzten Caldara, Wagenseil, Gluck, Haydn und Mozart in Musik, und Gluck schrieb einmal : »Der Dichter gibt die Zeichnung, der Musiker koloriert sie nur.« So hoch schätzte er den Text ein! Metastasio bildete auch den künstlerischen Geschmack der beiden Kaisertöchter Maria Theresia und Maria Anna, wurde zum Lieblingsdichter der Kaiserin und hat zu zahllosen Festen in Schönbrunn seinen Beitrag geleistet.

Neben den Theatern in der Stadt gab es auch Bühnen in den kaiserlichen Schlössern. In Schönbrunn spielten Mitglieder der kaiserlichen Familie und der Hofgesellschaft in kleinem Rahmen im Zeremoniensaal oder in der Kleinen Galerie. Theater war ja ein wesentlicher Teil der Kultur: nicht nur Unterhaltung, sondern auch Repräsentation; nicht nur bewunderndes Zusehen, sondern auch engagierte Mitwirkung. Professionelle Theatergruppen ließ man in der Orangerie auftreten, die im Sommer leer stand.

Auf Wunsch Maria Theresias hat Nikolaus Pacassi in den Jahren 1743-1747 an der Nordwestecke des Ehrenhofes, wo bis dahin Pferdestallungen und Wagenremisen eingerichtet waren, ein Theater erbaut. Wegen der langen Aufenthalte des Hofes in Schönbrunn wurde es nicht nur das wichtigste aller Schloßtheater, sondern es spielte auch eine nicht unbedeutende Rolle in der Geschichte der Oper.

Auf dem Spielplan standen Oper, Operette, Ballett und italienische oder französische Komödien. Bestritten Kinder des Kaiserpaares diese Aufführungen, z.B. als Überraschung für Vater oder Mutter zum Namensfest, dann wurde oft im Schloß improvisiert. Von den erwachsenen Erzherzoginnen konnten schon kleine Opern einstudiert werden, wobei die Brüder Joseph oder Peter Leopold vom Cembalo aus die Aufführungen leiteten. Die »engagierte« Maria Theresia saß dann mit den übrigen Kindern in der ersten Reihe des Parterres und nicht in der Mittelloge. Im Jahre 1767 wurde hier die Oper »Alceste« von Christoph Willibald von Gluck uraufgeführt, die zweite seiner großen Reformopern. Die Aufführungen waren nicht öffentlich. Wem ihr Besuch gestattet war, regelte das Zeremoniell bzw. die Schönbrunner Hausordnung, die die Kaiserin dem Obersthofmarschall erteilte. Für den Spielplan verantwortlich war hingegen der »General-Spektakel Direktor«. Lange Zeit hatte Graf Franz Wolf Orsini-Rosenberg dieses Amt inne. Im Leben Mozarts und Salieris, der beiden Konkurrenten bei Hof, spielte Orsini-Rosenberg eine wichtige Rolle, da es von ihm abhing, wer den Auftrag für eine Oper erhielt.

Erhöhte Repräsentationsansprüche, ein gesteigertes Interesse an der französischen klassischen Tragödie und – noch sehr zaghaft – an der deutschen Literatur, veranlaßte Maria Theresia (ganz im Einklang mit Joseph II.), das Schloßtheater 1767 umbauen und vergrößern zu lassen. Ferdinand von Hohenberg war der planende und ausführende Architekt. Der ursprüngliche Zauber des Rokokointerieurs und die »Pracht in Marmor und Stuck« gingen damals verloren.

In dem umgebauten Haus hat Mozart im Jahre 1781 eine Aufführung der «Alceste« miterlebt, mehrere seiner eigenen Opern wurden hier aufgeführt. Als eine solche Aufführung 1786 im Rahmen eines großen Empfanges stattfinden sollte, den Kaiser Joseph II. gab, war das Schloßtheater zu klein, und das Fest fand in der Schönbrunner Orangerie statt. Gespielt wurden Mozarts »Schauspieldirektor« und Salieris »Prima la Musica e poi le Parole«.
Napoleon, ein eifriger Theaterbesucher, befahl während seiner Aufenthalte in Schönbrunn zahlreiche Aufführungen im Schloßtheater, deren Programme sehr unterschiedlich waren. Für den stets ungeduldigen Kaiser mußten umfangreiche Werke gekürzt werden, oder man führte nur einen Akt und dazu ein Ballett auf. 1805 gab der große italienische Komponist Luigi Cherubini hier ein Konzert. Da der Kaiser der Franzosen auf die Tätigkeit von Wiener Schauspielern angewiesen war, kam es gelegentlich zu merkwürdigen Sprachverwirrungen: Im Jahr 1809 wurde »Phaedra« von Racine gegeben, aber in der deutschen Übersetzung von Schiller, während Napoleon im französischen Originaltext mitblätterte.

In den folgenden Jahrzehnten wurde das Schönbrunner Theater auch vom Burgtheater bespielt. Bekannt sind die Aufführungen während der Weltausstellung von 1873 geworden, vor allem wegen der prominenten Zuschauer aus ganz Europa. Im Jahre 1896 wurde das Schloßtheater dann mit elektrischer Beleuchtung versehen und neuerlich für den zeitgemäßen Bühnenbetrieb adaptiert.

Nach dem Ersten Weltkrieg war draußen in Schönbrunn ein paar Jahre die »zweite« Bühne des Burgtheaters, und 1929 eröffnete Max Reinhardt hier sein Schauspielseminar.

Nach dem Zweiten Weltkrieg fanden im Schloßtheater die öffentlichen Aufführungen des Reinhardt-Seminars und die sommerlichen Festspiele der Wiener Kammeroper statt. Die modernen Erfordernisse der Bühnentechnik und der Sicherheit machten einen weiteren Umbau nötig, der 1980 abgeschlossen wurde. Unsere Zeit hat einen neuen stimmungsvollen Spielort in Schönbrunn entdeckt: Seit einigen Jahren werden an Sommerabenden vor der Kulisse der Römischen Ruine Opern aufgeführt, die große Zustimmung beim Publikum finden.

Der Park

Wenn wir das Schloß hinter uns lassen und das Parterre des Parks betreten, so beeindrucken uns die Weite und Regelmäßigkeit der überblickbaren Anlage und die optische Dominanz der Hauptachse. Diese beginnt mit der Schloßdurchfahrt und führt als mittlerer Weg von etwa 200 m Länge bis zum großen Brunnen am Fuße des Abhangs.

Darüber erhebt sich als Blickfang die »Gloriette«, die zugleich auch ein »Belvedere« ist, ein Aussichtsplatz um den weiten Rundblick zu genießen, den Fischer von Erlach dem ersten Schloßprojekt zugedacht hatte.

Durch die diagonal nach rechts und links führenden Alleen erblicken wir die Skulpturen von zwei Bassins. Sie liegen an den Kreuzungspunkten der Diagonalen mit der mittleren der durchgehenden Querstraßen, der sogenannten Linden-Allee. Nach Westen verläuft die Tiergartenallee mit dem Sternbassin, das ursprünglich vor der Freitreppe des Schlosses lag, wie man auf Bellottos Gemälde erkennen kann. Die Skulptur, die sich in seinem Wasser spiegelt, ist wohl die bekannteste der Schönbrunner Nymphen.

In östlicher Richtung fällt unser Blick auf die Najade im Rundbassin, das der Gartenarchitekt als symmetrisch angeordnetes Gegenstück zum Sternbassin anlegen ließ.

Johann Chr. Wilhelm Beyer: Najade im Rundbassin; mit Blick auf den Obelisken.

In der Einleitung zu diesem Führer ist über die Bedeutung des Parks als Teil der gesamten Schloßanlage gesprochen und auf das Phänomen der Durchdringung von Natur und Architektur im Barockgarten hingewiesen worden.

Der Zustand des Gartens und die Verteilung der Skulpturen und Bauwerke, wie sie sich heute darbieten, sind nicht einheitlich. Zwar wurden 1765 die Arbeiten aufgrund eines neuen Konzepts und unter der künstlerischen Gesamtleitung des Architekten Ferdinand von Hohenberg begonnen, da sich aber die Ausführung länger als ein Jahrzehnt hinzog und erst nach mehrmaligen Planänderungen am Ende der siebziger Jahre abgeschlossen worden war, prägten zuletzt Elemente des Klassizismus einen Garten, der die Wandlung vom Barock zum Rokoko bereits erduldet hatte.

Aufgrund eines Wettbewerbs erhielt der aus Gotha stammende Bildhauer Johann Chr. Wilhelm Beyer den Auftrag, die Skulpturen, die im Park aufgestellt werden sollten, zu entwerfen. Beyer war ein sehr begabter Künstler. Nach jahrelangem Italienaufenthalt war er an der Porzellanmanufaktur in Ludwigsburg tätig gewesen und 1769 nach Wien gekommen. Für die Ausführung des umfangreichen Auftrags zog er ab 1773 mehr als ein Dutzend Mitarbeiter heran, die mit unterschiedlichem Talent jene Bildwerke der antiken Götter und Helden schufen, die heute das Gartenparterre bevölkern, sich in Bosketten oder Lauben verbergen. Beyer, der sich »Hofstatuarius« nennen durfte, hatte die übernommene Aufgabe in drei Jahren zu lösen. Etwa die Hälfte der rund 40 Statuen schuf er selbst, für die übrigen legte er Modelle vor, wobei er sich sehr

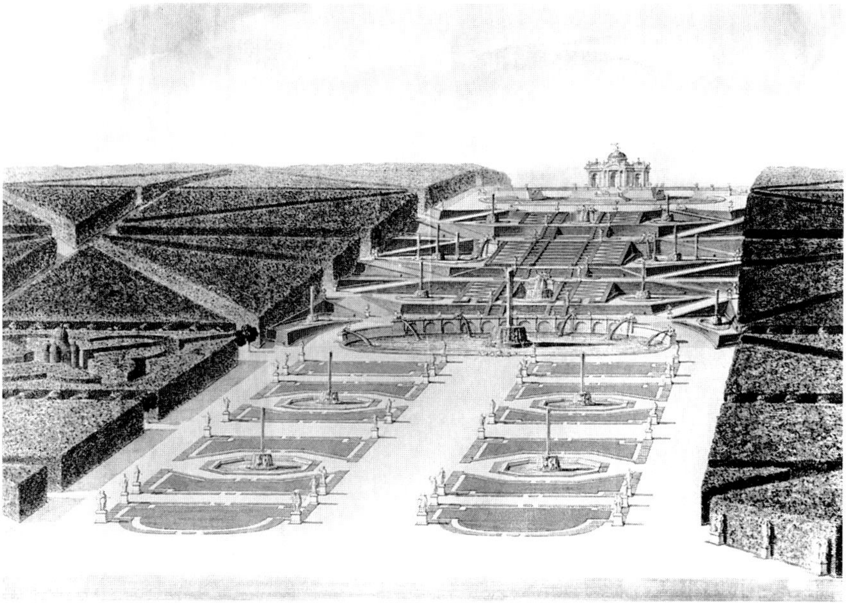

stark an Porzellanfiguren, die er in Ludwigsburg geschaffen hatte, orientierte. Von seinen Gehilfen sind nur wenige als selbständige Künstler zu betrachten. Sie durften sich einfachere Figuren aussuchen und erhielten von ihm 1.000 Gulden für die Anfertigung einer Skulptur. Beyer selbst wurde mit 1.200 Gulden für die Einzelfigur, mit 2.000-3.000 Gulden für die Gruppe honoriert und wurde so ein reicher Mann!

Sämtliche Skulpturen sind von gleicher Höhe, wurden im Sterzinger Marmorsteinbruch gemeißelt und stellen mythologische oder historische Gestalten dar.

Unsere Aufzählung beginnt an der linken (östlichen) Ecke des Schlosses, beim sogenannten Kronprinzengarten. Wir gehen an den Baumwänden aus Linden, Kastanien und Ahornen entlang, vor deren Grün sich die weißen Statuen abheben. Die einander gegenübergestellten zeigen den gleichen Aufbau und sind thematisch miteinander verbunden. Die Statuen haben eine alte Numerierung, die auf der rechten Sockelfläche ersichtlich ist.

1 Königin Artemisia, trauernd über die Urne ihres Gatten Mausolos gebeugt. Der Bildhauer Joh. B. Hagenauer soll ihr die Gesichtszüge Maria Theresias gegeben haben (von Hagenauer und Jakob Christoph Schletterer);

2 Kalliope, die Muse der erzählenden Dichtkunst mit Schriftrolle und Doppelflöte, vom Volk »Pfeiferin« genannt (von Joh. Chr. Wilh. Beyer);

3 Junius Brutus, an der Leiche Lukrezias Rache schwörend (von Ignaz Platzer);

4 Bacchus und Ceres, die Götter des Wein- und Getreidebaues, wie ihr Gegenüber (Janus und Bellona) Allegorien des Krieges und des Friedens (von Günther);

5 Äneas rettet seinen Vater aus dem brennenden Troja (von Joh. Ferd. Prokop);

6 Angerona, die Göttin der Verschwiegenheit (von Beyer);
7 Jason mit dem goldenen Vlies (von Beyer);
8 Aspasia, die gelehrte Gattin des Perikles (von Beyer);
9 Omphale, Königin von Lydien, mit Löwenfell und Mantel des Herkules; die Herkules-Skulptur steht gegenüber (von Joseph Anton Weinmüller);
10 Nymphe der Flora (von Beyer);
11 Bacchantin, Priesterin des Bacchus (von Beyer); beide Figuren flankieren mit ihren Gegenstücken im Westen die mittlere Allee. Sie gehören zum Gefolge des Bacchus und der Flora und sind Beschützerinnen des Landbaus, der Basis der Staatswohlfahrt;
12 Apollo, Gott der schönen Künste und der Weissagung (von Beyer);
13 Hygieia, Göttin der Gesundheit, mit einer Schlange (von Hagenauer); eine Statue, die ihren Vater Äskulap zeigt, steht gegenüber;

Veit Kininger: Äskulap

Johann Baptist Hagenauer, Jakob Chr. Schletterer: Königin Artemisia

14 Priesterin der Vesta (von Hagenauer und Posch);
Wie ihre Gegenstücke auf der anderen Seite versinnbildlichen sie die Künste sowie leibliches und seelisches Wohlbefinden, die das Wohl des Gemeinwesens fördern;
15 Paris, Königssohn von Troja, als Hirte, mit dem »Zankapfel« in der Hand (von Veit Kininger);
16 Hannibal, Feldherr der Karthager (von Hagenauer);
Wir haben nun das Gartenparterre durchschritten und sind beim Neptunbrunnen angelangt. Die Statuenreihe wird mit der des großen Jägers Meleager fortgesetzt. Sein Standbild steht auf

der anderen Seite beim Eingang in den Tiergarten, dem früheren kleinen Fasangarten und den Wildgehegen, also auf der dem Reich der Natur gewidmeten Seite des Parks. Von hier folgen wir wiederum der Statuenreihe und kehren zum Schloß zurück;

17 Meleager, der Jäger des kaledonischen Ebers (von Beyer);
18 Merkur, der Flöte spielende Gott des Handels (von Platzer);
19 Priesterin mit Opferschale (von Weinmüller);
20 Die Cumänische Sibylle, römische Wahrsagerin (von Beyer, Lang und Hagenauer);
21 Äskulap, Gott der Heilkunst mit dem Schlangenstab (von Kininger);
22 Priesterin mit Opferkörben (von Hagenauer);
23 Priesterin mit Opferkörben (von Hagenauer);
24 Herkules im Dienste der Omphale (von Platzer);
25 Perseus mit dem Schlangenhaupt der Medusa (von Beyer und Wilhelm Zächerl);
26 Fabius Maximus Cunctator, römischer Feldherr (von Hagenauer); mit Jason und Angerona (gegenüber) verkörpern sie Kühnheit und Weisheit, Grundlagen der guten Regierung;
27 Flora, römische Blumengöttin (von Beyer);
28 Raub der Helena durch Paris (von Beyer);
29 Der Friedensgott Janus mit dem Doppelgesicht und die Kriegsgöttin Bellona (von Beyer);
30 Der Kriegsgott Mars und Minerva, Göttin der friedlichen Künste (von Kininger);
31 Amphion, der vortreffliche Musiker, setzte mit seiner Leier selbst Steine in Bewegung (von Hagenauer).
32 Mucius Scaevola, heldenhafter Römer, der in die Flammen des Opferaltars griff, um seine Todesverachtung zu beweisen (von Joh. Martin Fischer).

Überqueren wir nun wieder das Gartenparkett und kehren zum Anfang unseres mythologischen Rundganges, zu Artemisia zurück. Dahinter, in einem unzugänglich scheinenden Teil des Parks steht eine besonders schöne Figurengruppe, ein Meisterwerk Beyers;

33 Olympia mit ihrem Sohn Alexander dem Großen. Auch bei diesem Werk suchte man Ähnlichkeiten mit Mitgliedern des Hofes und fand sie in den Gesichtszügen Josephs II. und seiner ersten Gemahlin Isabella von Parma (von Beyer).

In unmittelbarer Nachbarschaft steht ein reizendes Denkmal habsburgischen Familiensinns;

34 Bronzevase mit einem Medaillon der Königin Maria Karolina von Neapel und vier ihrer Kinder. Die Königin ließ dieses einfache Monument auf dem Platz eines von ihr gepflegten Gärtchens errichten. Die Rückseite trägt die Inschrift: »Der kindlichen Zärtlichkeit für die unsterbliche Maria Theresia, der Liebe zum theuren Vaterland, der frohen Rückerinnerung an die Freude der sorgenfreien Jugend, widmet dieses ländliche Denkmal, auf dem Platze, den sie einst als Kind pflegte, nun in dem Kreise ihrer Kinder, Maria Carolina, Königin beider Sicilien, bei ihrer Anwesenheit im Jahre 1802.« (von Franz Thaller)

Kehren wir aber nun zum Vorhaben Maria Theresias und zu dessen Verwirklichung durch Hohenberg zurück.

Johann Baptist Hagenauer: Trophäen an der Treppe zur Gloriette

Neptunsbrunnen, entworfen von Ferdinand von Hohenberg.

Um 1775 hatten die Arbeiten ihren Höhepunkt erreicht. Die Statuen Beyers waren nach und nach im Park aufgestellt worden, zunächst nicht in der festgelegten Anordnung und noch nicht in den Nischen der Baumwände, sondern von allen Seiten frei zugänglich. Die Aufstellung der ersten fertiggestellten Statue, der Artemisia, geschah unter Böllerschüssen und einer regelrechten Einweihung.

Unterdessen hatte Hohenberg das Gelände planieren, terrassieren und den Hügel teilweise abtragen lassen. Zwei Teiche wurden beiderseits der Gloriette als Wasserreservoirs angelegt – ursprünglich wollte man sie durch einen unterirdischen Kanal verbinden, auf dem man in kleinen Kähnen hin und her hätte fahren können! – und 1775 wurde dann die Gloriette errichtete.

Friedrich August Brand: Die Skulpturen für die Gloriette werden im Schloßpark gemeißelt. Kreidezeichnung. Um 1775.

Dieser Ruhmestempel ist ein dreiteiliger klassizistischer Kolonnadenbau mit dorischen Säulen. Er ist über steinerne Treppen zu besteigen und bietet einen einzigartigen Blick über Wien und gegen Südosten bis zum Leithagebirge, der einstigen ungarischen Grenze. Das Innere ist reich mit Skulpturen und Stuck von dem Italiener Benedict Henrici dekoriert, das Äußere an den seitlichen Treppen mit mächtigen Trophäen und in den Nischen sowie auf der Balustrade mit großen Vasen, die Johann Baptist Hagenauer schuf. Man hat von den »ungeheuren Waffenstücken hier, wo man ringsum nichts als Segnungen des Friedens erblickt« später gesagt, daß sie »nicht den besten Eindruck machen.« Den Mittelbau ziert eine Inschrift, die Kaiser Joseph II. und Kaiserin Maria Theresia als Regenten und das Datum 1775 nennt.

Zur Errichtung der Gloriette verwendete man Säulen, die aus den Ruinen eines ehemaligen kaiserlichen Lustschlosses im Südosten Wiens, dem sogenannten Neugebäude, gebrochen worden waren.

Die Gloriette ist nach allen Seiten offen, so daß sie das Raumerlebnis eines südlichen Tempels bietet. Das wurde nicht immer geschätzt, da die klimatischen Verhältnisse diesem Raumkonzept naturgemäß nicht entsprachen. Man hat daher wenige Jahre später den Mittelteil verglast, um dort vor Wind und Zugluft geschützt sitzen zu können. Ähnliche Bestrebungen gibt es auch heute wieder.

An dieser Stelle sollte man sich erinnern, daß im Laufe von zwei Jahrhunderten viele bedeutende Menschen diesen erhöhten Platz aufgesucht und über die Stadt geblickt haben: Haydn und Mozart, Grillparzer und Beethoven, Raimund und Schubert, um nur einige zu nennen.

Johann Chr. Wilhelm Beyer: Nymphe Egeria am »Schönen Brunnen«

Hinter der Gloriette erstreckte sich in kaiserlicher Zeit ein lichter Wald, in dem den jungen Erzherzögen die Grundbegriffe der Jagd beigebracht wurden. Auch die Hundezwinger der Kaiserin Elisabeth befanden sich hier.

Nach 1918 wurde das Gebiet öffentlich zugänglich gemacht und später bedauerlicherweise durch eine Kaserne verbaut. Am Fuße des »Schönbrunner Berges« erbaute Hohenberg 1780-1781 ein großes Wasserbecken, das von einer monumentalen Figurengruppe gekrönt wird, die wahrscheinlich von Franz Anton Zauner geschaffen wurde. Neptun, der römische Gott des Fruchtbarkeit schaffenden Wassers und des Meeres, gebietet mit dem Dreizack über die bewegte Szenerie seiner rossebändigenden Begleiter, der Tritonen. Neben ihm die Meeresgöttin Thetis. Für die Götter und Menschen hat Hohenberg in die Brunnenarchitektur Wasserspiele eingebaut, die wegen des von Anfang an in Schönbrunn bestehenden Wassermangels nur selten betrieben werden können. Im Jahre 1994 wurde der Neptunbrunnen gründlich restauriert.

Dabei spielt das Wasser eine so große Rolle in der Geschichte Schönbrunns! Östlich des Neptunbrunnens steht in einem Boskett versteckt das grottenähnliche Brunnengebäude, das die legendäre Quelle birgt. Es wurde schon 1758 anstelle eines älteren erbaut und später nochmals, wahrscheinlich von Isidore Canevale, verändert.

Das Brunnenhaus bewahrt den Quellstein mit dem Monogramm des Kaisers Matthias (Abbildung Seite 10), der die Quelle bei einer Jagd entdeckt haben soll, sowie die schöne Marmorskulptur, die Maria Theresia bei Wilhelm Beyer in Auftrag gegeben hatte. Dieser wählte als Thema die altrömische Nymphe Egeria, die den zweiten der sagenhaften Könige Roms, den friedliebenden Numa Pompilius beraten haben soll. Ihr war an der Via Appia eine Grotte geweiht, die noch heute »bosco sacro«, heiliges Wäldchen, genannt wird.

Egeria läßt aus einer Urne das vielgerühmte Wasser fließen, dessen Bezug sogar für die kaiserliche Familie genau geregelt war. Es war das Trinkwasser des Kaisers Franz Joseph und der Kaiserin Elisabeth, nicht nur in Schönbrunn, sondern auch in der Hofburg und auf Reisen!

Das Schönbrunner Wasser, »das beste in ganz Österreich«, wurde in verlöteten Blechkisten vom Kaiser sogar bis Jerusalem mitgenommen, und in die Hofburg wurde es täglich von einem Maultiergespann gebracht.

In nächster Nachbarschaft des Brunnenhauses können wir drei weitere Statuen Beyers aufsuchen. Gegenüber die

35 Kybele, die »große Mutter« allen Lebens; die Mauerkrone weist sie als Städtegründerin aus. Auch sie ist eine Trauernde und sucht die Einsamkeit, nur zwei Löwen begleiten sie (von Beyer).

Unter den Bäumen an der diagonal verlaufenden Allee, die vom Najadenbassin herführt, sind zwei sitzende Gestalten versteckt;

36 Cincinnatus, römischer Feldherr; der Ackermann Cincinnatus wurde vom Pflug weg zum Feldherrn und Diktator berufen. Er bindet seine Sandalen, um dem Ruf des Vaterlandes folgen zu können (von Beyer).

37 Eurydike, Gattin des Orpheus; die Gemahlin des göttlichen Sängers greift nach der Bißwunde der Schlange, die ihr den Tod bringen wird (von Beyer);
Wir gehen nun auf den hochragenden Obelisken zu, den wir schon längst erblickt haben. Ehe wir uns mit ihm beschäftigen, betrachten wir ein letztes Werk der Statuenreihe;
38 römische Matrone; Hagenauer schuf mit diesem Bild einer verheirateten, ehrwürdigen Römerin ein Sinnbild von Bürgertugend und Gottergebenheit. Von außergewöhnlicher Schönheit und bildhauerischer Kunstfertigkeit ist das sechsfach geflochtene Haar (von Hagenauer).

Auch der Obelisk, den Hohenberg im Jahre 1772 wirkungsvoll in die Gartenarchitektur hineinkomponiert hatte, ist typisch für den Klassizismus, der eine romantische Besinnung auf das »edle« Altertum war. Ein Halbrundbau umschließt ein Wasserbassin. Über einer Grotte erheben sich Flußgötter, die angeblich die Vereinigung von Enns und Donau symbolisieren. Und in der Mitte ragt auf einem Sockel mit vier Schildkröten der Obelisk, der mit falschen Hieroglyphen bedeckt ist, die vorgeben, die Geschichte des Hauses Habsburg zu erzählen.

An der großen Allee, die zum Neptunbrunnen zurückführt, steht wiederum als besonderer Blickfang vom Najadenbassin die Römische Ruine.

Mit diesem außergewöhnlichen Bauwerk hat Hohenberg seinen Ideenreichtum und seine Meisterschaft in der Ausführung aufs neue bewiesen. Schon die Barockzeit liebte Gemälde mit Ruinen-Phantasien, aber erst die Romantik sollte

sie tatsächlich errichten, wofür es in der Umgebung Wiens nicht an Beispielen fehlt. Die Schönbrunner Ruine nimmt zwischen barocker Theaterkulisse und romantischer Vedute eine eigentümliche Stellung ein und sollte den Eindruck eines wirklich verfallenen, antiken Bauwerkes erwecken.

Vor der bühnenartig geöffneten Architektur liegt ein verwachsenes Bassin, das zur Distanz zwingt. Im Wasser steht eine Figurengruppe von Beyer, die Vereinigung der Moldau mit der Elbe darstellend. Wenige Werke der Architektur haben auf Zeitgenossen und Nachfahren so großen Eindruck gemacht, wie dieses sentimentale Denkmal des Verfalls inmitten der vom menschlichen Geist bezwungenen Natur des Barockgartens.

Bildnachweis

Ingrid Asmus: Seite 162, 162, 165 links, 168 unten, 171

Bundesmobilien-Depot: Seite 30/31, 32

Graphische Sammlung Albertina: Seite 25, 27, 28 unten

Historisches Museum der Stadt Wien: Seite 30, 33, 168 oben

Kunsthistorisches Museum Wien: Seite 6/7, 9, 10 oben, 11, 14, 15, 18, 19, 20, 21, 22, 23, 26, 29, 30 unten, 31, 40, 43, 48, 49, 52/53, 55, 56, 57, 59, 62, 63, 66, 67, 70, 75, 76, 77, 82, 83, 85, 100, 102/103, 104, 105, 108, 109, 114, 115, 116/117, 119, 134, 137, 144, 145, 146, 160/161

Österreichische Nationalbibliothek-Bildarchiv: Seite 8, 10 unten, 16, 28 oben, 164

Schloß Schönbrunn Kultur- u. BetriebsgmbH.: Seite 12, 13, 24, 156/157

Gerhard Trumler: Seite 38/39, 42, 46/47, 58, 60/61, 64/65, 72, 73, 74, 78, 79 unten, 80/81, 84, 86/87, 88/89, 92, 94/95, 96, 97, 106/107, 110/111, 112/113, 118, 120/121, 122/123, 124, 125, 126/127, 128/129, 130, 131, 132/133, 135, 136, 152/153, 154, 155, 165 rechts, 161, 169, 172

Studio Johannes Wagner: Seite 41, 44/45, 50, 51, 54, 68/69, 71, 79 oben, 90, 91, 98/99, 138/139, 140/141, 142/143, 148/149, 150